LA NOMENCLATURE SOCIALE,

D'APRÈS F. LE PLAY.

LA SCIENCE SOCIALE EST-ELLE UNE SCIENCE?

Par M. Henri de TOURVILLE.

LES LOIS DU TRAVAIL,

Par M. Prosper PRIEUR.

EXTRAIT DE LA REVUE : *LA SCIENCE SOCIALE*
(DÉCEMBRE 1886.)

PARIS,
LIBRAIRIE DE FIRMIN-DIDOT ET Cie,
IMPRIMEURS DE L'INSTITUT, RUE JACOB, 56.
1887.

On a réuni dans cette brochure les trois documents suivants, qui présentent, sous une forme abrégée, mais très exacte, l'état actuel de la science sociale fondée par F. Le Play :

1° La *Nomenclature sociale* donne, dans une série de tableaux, la classification générale des faits sociaux ;

2° Un article de M. Henri de Tourville (*La science sociale est-elle une science?*) explique et justifie scientifiquement les grandes divisions de cette classification ;

3° Un article de M. Prosper Prieur (*Les lois du travail*) montre les résultats de la méthode de classement appliquée aux deux premières catégories de faits sociaux : le Lieu et le Travail.

NOMENCLATURE SOCIALE,

INSTRUMENT DE

CLASSIFICATION DES FAITS SOCIAUX.

I. — LE LIEU.

I Sol et eaux (*Géographie physique*).

Situation géographique de la famille et superficie étudiée.
Reliefs et contours du sol.
Terrains.
Eaux.

II Sous-sol (*Géologie*).

III Air (*Météorologie*).

Saisons.
Accidents atmosphériques.

IV Productions végétales (*Botanique*).

Steppes.
Forêts.
Végétations variées.

V Productions animales (*Zoologie*).

de la terre.
des eaux.

II. — LE TRAVAIL

(DES DIVERS MEMBRES DE LA FAMILLE OUVRIÈRE).

I Simple récolte.

Pâturage.
Pêche côtière.
Chasse, pêche fluviale, cueillette.

II Extraction.

Culture en communauté (*dite agricole*).
Culture (petite).
Culture fragmentaire.

Culture (grande) (*avec les usines agricoles*).
Forêts (Art des) (*avec les usines forestières*).
Mines (Art des) (*avec les fonderies*).

III Fabrication

à la Main	en Communauté ouvrière (*dite industrielle*) ;
à Moteurs animés	d'Industrie domestique principale ;
au Vent	d'Industrie domestique accessoire ;
à l'Eau	en Petit atelier patronal ;
au Bois	en Fabrique collective ;
à la Houille	en Grand atelier.

IV Transports

par Portefaix	
par Animaux de bât ou de trait	
par Glissage	particuliers ;
par Batellerie	publics.
par Vapeur	

III. — LA PROPRIÉTÉ.

(COMPOSITION DES BIENS, MODE DE POSSESSION, SUBVENTIONS, TRANSMISSION.)

Pr. Sol disponible : sa nature; son parcours; abondance de ses productions spontanées; sa permanence.

I Communauté (*ouvrière*)

du Foyer.
du Domaine.
de l'Industrie.

II Propriété familiale (*limitée ou illimitée*)

du Foyer.
du Domaine (petit).
du Domaine fragmentaire.
de la petite Industrie principale { domestique; patronale.
de la petite Industrie accessoire.

III Propriété patronale (*particulière ou collective*)

du Foyer-maître.
du Foyer ouvrier.
du Domaine chef.
du Domaine dépendant.
de la grande Industrie en grand atelier.
de la grande Industrie en fabrique collective.

IV. — LES BIENS MOBILIERS.

I Animaux domestiques.

II Instruments de travail.

III Mobilier meublant.

IV Mobilier personnel.

V. — LE SALAIRE.

I **Entente sur le salaire.**
II **Salaire** en Nature;
— en Argent.
III **Salaire** à la Journée;
— à la Tâche;
— avec Prime.

VI. — L'ÉPARGNE.

I **Épargne** en Nature;
— en Argent.
II **Aides de l'épargne.**
III **Emploi de l'épargne.**

VII. — LA FAMILLE OUVRIÈRE.

I **Père.**
le Vice originel.
l'Autorité au foyer.
la Loi de Dieu.
la Tradition des ancêtres.
II **Mère.**
les Fiançailles.
le Mariage.
le Ménage domestique.
III **Enfants.**
leur Nombre.
leurs Rapports.
leurs Aptitudes diverses.
leur Éducation.
IV **Enfants mariés au foyer.**
Choix de l'Héritier-associé.
V **Émigrants,** dans leurs rapports avec le foyer.
VI **Célibataires,** demeurant au foyer.
VII **Domestiques.**
VIII **Vieillards.**
IX **Infirmes.**

VIII. — LE MODE D'EXISTENCE

(MATÉRIEL).

I **Nourriture.**
II **Habitation.**
III **Vêtements.**
IV **Hygiène.**
V **Récréations.**

IX. — PHASES DE L'EXISTENCE.

I **Origines.**
- Origines du père.
- Origines de la mère.

II **Survenances notables.**
- Naissances.
- Instruction.
- Solennités et Somptuosités.
- Établissements et Entreprises.
- Alliances et Noces.
- Institution de l'Héritier.
- Déplacements et Départs.
- Adoptions, Donations, Héritages.
- Autres survenances notables.

III **Perturbations.**
- Accidents et Maladies.
- Retraites.
- Décès.
- Sinistres.
- Chômages.
- Dettes.
- Inconduite.
- Condamnations.
- Service public.
- Calamités sociales.
- Autres perturbations.

X. — LE PATRONAGE.

I Patriarche.

Conseil de Communauté :

Agricole.
Industrielle.

II Chef de Famille-souche et de Métier :

Pêcheur-côtier.
Paysan.
Artisan.
Entrepreneur de transports.

III Patron à Famille-souche :

Agriculteur.
Forestier.
Mineur.
Petit Fabricant.
De Fabrique collective.
Grand Fabricant.

IV Patron à Famille instable.

Maître d'atelier.

Société d'actionnaires.

XI. — LE COMMERCE.

I Chef de métier commerçant.

II Petit commerçant.

Grand commerçant.

Société commerciale.

III Commis.

IV Banque.

XII. — LES CULTURES INTELLECTUELLES.

I Culture intellectuelle résultant des conditions de vie.
II Arts libéraux :
l'Instituteur primaire.
le Professeur de l'enseignement secondaire.
le Médecin.
le Savant.
l'Artiste.
le Lettré.
le Légiste.
III Corporations d'arts libéraux :
Fermées.
Ouvertes.

XIII. — LA RELIGION

(DANS TOUTE LA SÉRIE DES FAITS SOCIAUX).

I Culte privé. **II Culte public.** **III Corporations religieuses.** **IV Relations des dissidents.**	Personnel actif et passif. Rites et coutumes. Enseignement et Doctrine.

XIV. — LE VOISINAGE.

I Proximité des foyers.
II Extension du voisinage.
III Diversité et rapports du voisinage.
Autorités sociales.
Gentleman.

XV. — LES CORPORATIONS.

I Corporations d'Intérêts communs.
II Corporations de Bienfaisance.
III Corporations mixtes.

XVI. — LA COMMUNE
(RURALE).

I La Circonscription et ses divisions.
II Biens et Intérêts communaux.
III Service de la Paix publique.
IV Impositions et Contraintes.
V Participants.
VI Autorités et Agents.
VII Gestion.
VIII Contrôle.
IX Démocratie.
Intervention supérieure.

XVII. — L'UNION DE COMMUNES.

I Diverses unions de Communes.
II Biens et Intérêts de l'Union de Communes.
III Service de la Paix publique.
IV Impositions et Contraintes.
V Participants.
VI Autorités et Agents.
VII Gestion.
VIII Contrôle.
IX Fédération.
Intervention supérieure.

XVIII. — LA CITÉ.

I La Ville, ses quartiers et sa banlieue.
Relations des campagnes avec la ville.
II Biens et intérêts de la Cité.
III Service de la Paix publique.
IV Impositions et Contraintes.
V Participants.
VI Autorités et Agents.
VII Gestion.
VIII Contrôle.
IX Distinction politique des villes et des campagnes.
Intervention supérieure.

XIX. — LE PAYS MEMBRE DE LA PROVINCE.

I **La Circonscription et ses divisions.**
II **Biens et Intérêts du Pays-membre.**
III **Service de la Paix publique.**
IV **Impositions et Contraintes.**
V **Participants.**
VI **Autorités et Agents.**
VII **Gestion.**
VIII **Contrôle.**
IX **Autonomie locale.**
Intervention supérieure.

XX. — LA PROVINCE.

I **La Circonscription et ses divisions :**
Province générale.
Province spéciale.
Université.
II **Biens et Intérêts** provinciaux :
— — universitaires.
III **Service de la Paix publique.**
IV **Impositions et Contraintes.**
V **Participants.**
VI **Autorités et Agents.**
VII **Gestion.**
VIII **Contrôle.**
IX **Aristocratie.**
Autonomie provinciale.
Privilèges universitaires.
Intervention supérieure.

XXI. — L'ÉTAT.

I **La Circonscription et ses divisions.**

II **Biens et Intérêts nationaux.**

Domaines.
Affaires intérieures.
Affaires extérieures.

III **Service de la Paix publique.**

Cours centrales de justice.
Police centrale.
Force armée centralisée.

IV **Impositions et Contraintes.**

Contributions en services.
Contributions en nature.
Contributions en argent.

V **Participants.**

Nationaux ou Résidents, leurs variétés.
Représentation nationale.
Loi écrite.

VI **Autorités et Agents.**

Souverain.
Conseil du souverain.
Premier ministre.
Fonctionnaires, hauts et bas.

VII **Gestion.**

Mœurs administratives.
Mœurs politiques.
Capitale.
Cour et résidence du souverain.

VIII **Contrôle.**

Garanties légales.
Garanties sociales.

IX **Indépendance nationale.**

Protectorat politique.

XXII. — L'EXPANSION DE LA RACE.

I **Essaimage.**

Émigration organisée :

temporaire
périodique
définitive — à l'intérieur ; à l'étranger.

Émigration désorganisée.

II **Invasion nomade.**

Colonisation agricole
Colonisation commerciale — libre ; administrative.

III **Établissement en territoire peuplé.**

Établissement en territoire vacant

avec des races mêlées ;
avec des races subordonnées.

XXIII. — L'ÉTRANGER.

I **Nationaux de passage à l'étranger.**

Étrangers de passage.

II **Introduction d'essaims étrangers.**

Immigration organisée

temporaire ;
périodique ;
définitive.

Immigration désorganisée.

III **Voisinage des races étrangères.**

IV **Concurrence des races étrangères.**

V **Annexions.**

XXIV. — L'HISTOIRE DE LA RACE.

I Origine historique des faits sociaux actuels.
II Résultats des mêmes faits aux diverses époques.
III Variations historiques de la race.
IV Comparaison avec les races locales antérieures.

XXV. — LE RANG DE LA RACE.

I Rôle actuel de la race dans le monde.
II Rapprochement avec les faits similaires
actuels / passés } chez des races étrangères.
III Réformes.
IV Avenir de la race.

LA SCIENCE SOCIALE

EST-ELLE UNE SCIENCE?

TROISIÈME ET DERNIER PROCÉDÉ DE LA SCIENCE SOCIALE : LA CLASSIFICATION (1).

J'ai longtemps tenu mon lecteur en suspens.

J'avais promis de montrer, à la suite des travaux méthodiques de Le Play, le cadre net et complet d'une société. C'est ce que je vais faire ici.

Et, ceci fait, j'espère qu'on ne m'en voudra pas trop du repos que mes études m'ont d'abord imposé.

Je résume, en deux mots, ce que j'ai dit précédemment :

L'observation des faits sociaux devient scientifique, c'est-à-dire qu'elle trouve les meilleures garanties d'exactitude et qu'elle aboutit aux conclusions les plus évidentes, les plus multipliées et les plus étendues, quand on lui applique la triple méthode de l'*Analyse*, de la *Comparaison* et de la *Classification*.

L'Analyse, nous l'avons vu, procède, dans un même objet, du moins au plus : en science sociale, elle procède du groupe modeste de la famille ouvrière à l'État, et de l'État aux relations des grandes divisions de l'humanité, partagée en nationalités et en époques suivant l'espace et le temps.

La Comparaison, après l'Analyse, rapproche partie par partie les divers objets observés, afin d'en saisir la ressemblance et la différence. Dans la science sociale, le point de départ de cette

(1) Voir *la Science sociale*, revue mensuelle, librairie de Firmin-Didot, livraisons de janvier, février et avril 1886, t. I, p. 8, 97 et 289.

comparaison est fourni par la plus simple des sociétés, celle des pasteurs nomades de l'Asie en familles patriarcales.

Vient ensuite la Classification, dont je dois parler.

La Classification consiste à ranger dans une même espèce, c'est-à-dire sous une même dénomination, les faits dans lesquels la Comparaison a fait voir un même caractère, bien déterminé.

Les espèces ainsi formées, on les subdivise en variétés, qui sont comme autant d'espèces dans l'espèce; ou bien, au contraire, on les groupe en classes, c'est-à-dire en grandes espèces supérieures, en vertu de quelque caractère plus général qui se trouve leur être commun.

Exemple : je range dans une même espèce tous les faits par lesquels se manifeste l'autorité du chef de famille; et je désigne cette série de faits par un nom : « l'Autorité au foyer ».

Qu'il me soit permis, en passant, d'attirer l'attention sur le caractère singulièrement instructif que doit présenter une série de faits d'un même ordre ainsi recueillis dans les familles les plus diverses. Voyez-vous se profiler les unes sur les autres ces physionomies, à la fois si semblables et si différentes, des pères de famille dans l'exercice de leur pouvoir domestique? Tout ce qu'ils ont d'imperturbablement semblable apparait et manifeste la loi commune et constante de l'espèce. Tout ce qu'ils ont de différent ressort sur ce fond et se distingue en autant de variétés, qui subdivisent l'espèce et qu'il est aisé de graduer par le rapprochement. Quel ensemble, quel ordre, quelle précision, des connaissances ainsi classées ne doivent-elles pas présenter! Quelle lucidité et quelle supériorité de vues ne donnent-elles pas à l'observateur!

Mais je poursuis mon exemple :

Quand j'aurai ainsi rangé par espèces et divisé en variétés un certain nombre de faits sociaux, je pourrai reconnaitre que plusieurs espèces appartiennent à une même grande classe : je pourrai voir que « l'Autorité au foyer » n'est qu'une des nombreuses espèces des faits constitutifs de la famille; je grouperai donc toutes les espèces ayant ce caractère commun sous la rubrique générale de « la Famille ».

Voilà un très court spécimen du travail qu'opère la classification.

Mais ce n'est là que son premier travail.

Quand elle a groupé les espèces en classes, il lui reste à coordonner ces classes entre elles, comme s'il s'agissait de les numéroter. Il faut arriver à les disposer dans un ordre qui montre comment elles s'enchaînent et par où elles se tiennent : quelles relations, en un mot, elles ont les unes avec les autres. La loi principale de cet arrangement est celle-ci : on place en tête la classe de faits qui se conçoit le mieux toute seule, c'est-à-dire sans autres faits précédents appartenant à la même science ; puis on place, aussitôt après, la classe de faits qui a les plus étroits rapports avec celle-là et qui la présuppose ; et l'on va ainsi cataloguant chaque classe au fur et à mesure qu'elle est immédiatement appelée par la précédente.

Exemple : je remue toutes les classes de faits sociaux et je trouve que la disposition naturelle du lieu, sur lequel s'est établie une société et auquel elle a dû s'accommoder, est l'ordre des faits le plus aisé à concevoir seul, antérieurement à tous les autres et indépendamment d'eux : le pays, en effet, préexiste à l'habitant. Je mets donc les conditions du « Lieu » en tête des phénomènes qui concourent à la formation d'une société. Ceci fait, je passe de nouveau en revue toutes mes classes de faits sociaux et je cherche celle qui tient de plus près à la précédente, celle qui se présente le mieux comme la continuation des énergies physiques groupées sous le nom de Lieu et agissant sur l'état social. Je vois que cette seconde classe est le « Travail » manuel de l'homme, la force humaine s'emparant des puissances de la nature. J'inscris donc le Travail au second rang après le Lieu. Et je fais ainsi jusqu'à ce que j'aie épuisé la liste complète de mes classes de faits sociaux.

Cette coordination des diverses classes de faits est plus nécessaire dans la science sociale que dans beaucoup d'autres sciences. Elle est plus nécessaire par exemple que dans l'histoire naturelle, dans la zoologie ou la botanique. On va le comprendre.

Les faits sociaux sont des parties intégrantes d'un seul tout, qui est la société, objet propre de la science sociale. Les espèces animales ou végétales sont au contraire des collections d'êtres, indépendantes souvent les unes des autres; si on les classe entre elles, ce n'est pas pour établir les fonctions que ces espèces peuvent remplir les unes vis-à-vis des autres, comme par exemple les fonctions du loup vis-à-vis de l'agneau et réciproquement, ou les fonctions du chien de garde vis-à-vis des animaux domestiques; on les classe ordinairement pour établir leurs analogies de constitution, non leurs rapports actifs.

Il en est tout autrement des faits sociaux, dont l'action et la réaction les uns sur les autres sont précisément le but de l'étude qu'on en fait. Que me servirait, pour connaître la société, d'avoir séparément déterminé les aptitudes de l'autorité paternelle, celles du pouvoir central de l'État, puis celles du voisinage ou du clergé, celles du patronage ou de la province, si je n'arrivais à coordonner toutes ces actions de façon à comprendre leur agencement et le résultat qu'elles donnent par leur ensemble? Je serais comme un astronome qui connaîtrait les astres, un à un, sans avoir aucune idée de leurs relations les uns avec les autres : il ignorerait cette merveilleuse société du monde sidéral, cette immense solidarité des corps célestes, image grandiose de la société plus étonnante encore des êtres intelligents et libres.

Mais si cette détermination de la place qui convient à chaque classe de faits sociaux relativement aux autres est une œuvre nécessaire, elle est une œuvre difficile. Il y a un tel enchevêtrement des divers éléments de la société, que tout tient à tout. C'est par les plus longs tâtonnements et par les plus délicates observations, qu'on arrive à découvrir enfin l'ordre principal, c'est-à-dire celui qui permet de débrouiller clairement tout le reste, quelle qu'en soit la complication.

Rien ne montre mieux cette difficulté que l'histoire des classements essayés par Le Play.

Très longtemps il dut se borner à déterminer, une à une, les classes de faits, tantôt celle-ci et tantôt celle-là, sans pouvoir prétendre à leur donner un numéro d'ordre. C'est ce que j'ai appelé plus haut le premier travail de la classification : la détermination des espèces et non leur coordination.

La *Réforme sociale en France* est pleine de ce travail. Ouvrez à la table, et parcourez-la ; vous y voyez :

« *Les deux types* principaux de la propriété. — *Trois types* dans les régimes de succession. — *Trois types* principaux dans la famille. — *Deux classes* de petits propriétaires. — *Quatre sortes* de grands ateliers. — *Les deux formes* de l'association : — *Les deux sortes* de communautés. — *Les six catégories* de corporations, etc... »

Tout l'ouvrage était destiné à définir des groupes de faits et à en donner les lois. Mais comme l'ouvrage visait les préoccupations actuelles d'un public qui n'avait aucune préparation spéciale sur ces matières, l'auteur a simplement placé ces classes de faits dans l'ordre qui répondait le mieux aux idées préétablies du commun des lecteurs. C'est ainsi qu'il commence par la Religion, classe de faits des plus élevés et complexes ; il passe de là à la Propriété, parce qu'elle est avec la Religion l'institution la plus audacieusement attaquée dans nos perturbations sociales ; il vient alors à la Famille, puis au Travail, pourtant si étroitement lié avec la question de la Propriété, etc... Ce n'est certes pas là une tentative de classement scientifique, et rien n'est plus connu que le désir où était Le Play de refondre le plan de la *Réforme sociale*.

Mais, ce livre terminé, revu, accru, et sur certains points développé par les deux volumes de l'*Organisation de la famille* et de l'*Organisation du travail*, le temps vint où Le Play essaya de ranger dans un ordre plus méthodique toutes les classes de faits qui composent une société. Il choisit pour donner un exemple de ce classement la description de la société anglaise. Tel fut le but principal de l'ouvrage intitulé : *La Constitution de l'Angleterre*. A ce point de vue, cette œuvre marque une époque dans les travaux de Le Play et dans la formation première de la science sociale : elle représente le procédé de la classification, comme la Monographie celui de l'analyse et les *Ouvriers Européens* celui de l'observation comparée, ainsi que j'ai eu occasion de le dire dans mes précédents articles.

Mais quel que soit l'intérêt d'une œuvre qui fraye une voie nouvelle, quel que soit le mérite d'un travail fait par un puissant esprit, il n'en demeure pas moins manifeste que le livre de la *Constitution de l'Angleterre* n'a pas donné un modèle comparable à la Monographie de famille ni aux *Ouvriers Européens*, et que, selon le dire même de l'auteur, il n'a que « *façonné la première ébauche* ».

Tous ceux qui ont voulu appliquer à de nombreux faits sociaux, bien détaillés, le classement qu'indique ce livre, ont été forcés de reconnaître l'insuffisance du cadre.

Cette insuffisance s'explique le mieux du monde par deux causes :

D'une part, l'auteur, essayant pour la première fois de tracer des divisions applicables à l'étude de toute société, a cru prudent de s'en tenir aux divisions les plus larges. Elles sont beaucoup trop larges pour diriger l'observation avec sûreté; elles laissent beaucoup trop à la sagacité personnelle du savant; elles ne fournissent pas une méthode rigoureuse de contrôle. Ce sont de grandes lignes propres à conduire le premier essor d'un esprit investigateur, mais elles ne lui posent pas de conditions assez étroites pour le préserver de l'erreur.

D'autre part, il faut reconnaître que ces grandes divisions de faits ont encore été classées plutôt en vue de l'exposition définitive du sujet qu'en vue de son étude préalable. Cet ordre ne donne pas la suite la plus naturelle et la plus stricte des choses, mais l'arrangement le plus commode pour les présenter. Ceci tient à la destination du livre, qui, tout en s'adressant à un public un peu plus spécial que le grand public atteint par la *Réforme sociale en France,* ne s'adressait pas à des spécialistes proprement dits, comme l'avaient fait les Monographies et les *Ouvriers Européens* de la première édition. Il suffit de voir la Préface.

Voici au reste les onze grandes classes de faits sociaux indiqués dans *la Constitution de l'Angleterre* : I. Les lieux et la population ; II. la race et son histoire; III. les subdivisions comparées de l'Angleterre et de son empire ; IV. les principes du bien et la pratique du mal; V. la famille et son domaine; VI. l'association et la hiérarchie dans la vie privée; VII. les rapports de l'Anglais et de l'étranger dans la vie privée; VIII. le gouvernement local; IX. le gouvernement provincial; X. l'État britannique et son œuvre de paix intérieure; XI. la Souveraineté et le gouvernement de l'État.

Si on descend dans les subdivisions, le même défaut de précision et d'ordre, tenant aux mêmes causes, subsiste.

Au sujet de la précision, il me suffira de faire remarquer ce qui compose la quatrième classe des faits, « Les principes du bien et la pratique du mal », dont voici le détail : 1° la loi morale et la religion; 2° le culte officiel; 3° les cultes dissidents; 4° la coutume et les lois auxiliaires du bien; 5° les autorités auxiliaires du bien; 6° les institutions et les autorités auxiliaires du mal; — est-ce d'une précision bien saisissante? Et puis, des conclusions sur ce qui est le bien ou le mal social ne sont-elles pas ici requises mal à propos dans une description de faits?

Au sujet de l'ordre, je me bornerai à attirer l'attention sur la suite des cinq premières grandes divisions. Après avoir placé en tête les *Lieux et la population*, n'est-ce pas beaucoup risquer l'observateur que de le jeter immédiatement en dehors de l'observation directe, dans l'étude du passé, en lui demandant de décrire *la Race et son Histoire?* — Ce sont des préambules, dira-t-on. — Je le veux bien; mais que peuvent valoir des préambules s'ils sont traités en dehors de la science en question? Et d'ailleurs viennent ensuite les *Subdivisions comparées de l'Angleterre et de son Empire*, puis *les Principes du bien et la Pratique du mal*, deux séries de grandes généralités avant d'en arriver à *la Famille et son Domaine*, éléments pourtant si simples! Ne voit-on pas, comme je le disais tout à l'heure, qu'il s'agit de faire marcher devant les grandes généralités, selon une certaine méthode d'exposition, et non pas de constituer rigoureusement et à fond une méthode de recherches scientifique?

Le Play fit plus tard un autre ouvrage, éminent comme tous ceux qu'il a faits, mais qui, au lieu de descendre plus dans le détail d'une classification sociale, tend à la généralisation dernière de son œuvre : c'est *la Constitution essentielle de l'Humanité*. Ce livre ne répare donc pas les lacunes laissées par le plan de *la Constitution de l'Angleterre.*

Mais ce que Le Play n'a pas eu le temps ou n'a pas pris le soin assez complet de mettre dans un livre, il l'avait dans la tête. Cette classification rigoureuse, détaillée et coordonnée, qu'il n'a pas écrite *ex professo*, il s'en servait incessamment pour ranger dans son esprit cette multitude innombrable de faits, qu'il voyait tous exactement dans leur nature propre et dans leurs rapports mutuels. A travers ses ouvrages volumineux, serrés, traitant de matières très délicates, je n'ai jamais rencontré, quelque recherche que j'aie faite et quelques difficultés qu'on m'ait signalées, ni une erreur incontestable ni une contradiction démontrée. Or, comment voulez-vous qu'un homme manie une pareille quantité de faits et en disserte à fond, en tant de manières, sans oublier, sans confondre, s'il ne les tient tous devant sa pensée, dans un ordre tel qu'il les rencontre inévitablement à tous les points où ils doivent paraître? Je mets n'importe qui au défi de parler juste de science sociale, aussi bien que de chimie ou d'astronomie, s'il n'a dans la tête le classement exact et complet de la science qu'il prétend traiter. C'est un axiome qui se vérifie tous les jours, et cela à l'égard des esprits les plus distingués d'ailleurs.

Que fallait-il donc faire pour mettre en lumière la classification sociale que Le Play portait au fond de sa pensée et qui était la règle certaine de ses jugements? Il fallait suivre avec un soin minutieux l'allure de son esprit à travers toutes les parties de son œuvre, j'allais dire à travers toutes les phrases de ses écrits, pour y saisir partout les principes qui dirigent sa marche jusque dans le moindre détail. Il fallait relever de point en point les distinctions qu'il établit, ici et là, entre mille ordres de faits et les rapports de toute nature qu'il remarque entre eux, et, par le rapprochement de tous ces éléments, constituer l'ensemble de la science sociale telle qu'il la possédait. Il fallait en un mot saisir, dans ses compositions savantes, comme l'empreinte de son cerveau et y trouver la trace des cases merveilleusement ordonnées entre lesquelles semblaient se distribuer d'eux-mêmes tous les faits qu'il traitait.

Ce travail, j'ai pu le faire et, avant d'en donner le résultat, non pas complet comme il l'est, mais le plus simplifié, je désire venger Le Play d'un scandale que j'ai peut-être excité tout à l'heure à son sujet.

Ce plan descriptif de la *Constitution de l'Angleterre*, proposé par Le Play comme modèle du classement des faits dans l'étude de toute société, a dû paraître étrangement vague et sommaire, j'allais dire banal. Est-il possible qu'un savant, un spécialiste unique, trouve au bout de tant de recherches minutieuses et patientes quelque chose d'aussi peu particulier?

Je demande la permission de faire observer que les hommes de génie ne sont pas tout à fait comme les autres et que, quand ils traitent une matière sous des apparences banales, il la traitent en réalité avec une puissance qui marque. Combien n'y a-t-il pas de gens qui, en lisant le Discours de Descartes sur la Méthode, ont dû n'y voir qu'un petit livre de bon sens? Mais ce petit livre a créé une école philosophique fameuse. Quand Bacon faisait le procès des fausses méthodes appliquées à la connaissance de la nature et qu'il montrait, comme autant d'obstacles opposés à la science, les préjugés de tous genres, sous les noms d'idoles de l'antre, idoles du forum, idoles du théâtre, etc., tout cela n'avait-il pas bien l'air de lieux communs relevés par un tour ingénieux d'imagination? Mais il y avait dans Bacon autre chose qu'un rhétoricien; les idoles ont croulé pour faire place à l'observation des faits, et Bacon, en dépit de cette apparence assez peu scientifique, s'est trouvé l'initiateur des sciences naturelles. Le Play est fait à la manière de tels hommes. Ne s'est-il pas avisé, en terminant ses œuvres, de ramener la constitution essentielle de l'humanité à « deux *fondements,* deux *ciments* et trois *matériaux* »?

Les sciences ne gardent pas longtemps ces formules trop peu serrées et ces termes imagés; c'est là le langage de leur jeunesse hardie et nécessiteuse; elles s'expriment alors comme elles peuvent; elles empruntent, pour se faire entendre du monde qui les ignore, toutes les formes de discours connues, en attendant que, rendues toutes-puissantes à force de vérité, elles asservissent la parole humaine à leurs besoins.

Ceux qui, venant après les pères de la science, lui donnent une expression plus précise et plus ferme et préparent sa maturité, savent mieux que personne ce qu'a de sens caché la parole des premiers maîtres.

Ceci dit, j'exposerai brièvement les vingt-cinq grandes classes de faits qui composent tout l'ordre d'une société. Les voici avec la désignation de leur rang :

I. — Le Lieu.
II. — Le Travail.
III. — La Propriété.
IV. — Les Biens mobiliers.
V. — Le Salaire.
VI. — L'Épargne.
VII. — La Famille ouvrière.
VIII. — Le Mode d'existence.
IX. — Les Phases de l'existence.
X. — Le Patronage.
XI. — Le Commerce.
XII. — Les Cultures intellectuelles.
XIII. — La Religion.
XIV. — Le Voisinage.
XV. — Les Corporations.
XVI. — La Commune.
XVII. — Les Unions de Communes.
XVIII. — La Cité.
XIX. — Les Pays-membres de la Province.
XX. — La Province.
XXI. — L'État.
XXII. — L'Expansion de la race.
XXIII. — L'Étranger.
XXIV. — L'Histoire de la race.
XXV. — Le Rang de la race.

Je vais expliquer ce tableau :

La *première classe* de faits comprend tout ce qui compose le

Lieu physique où vit une société : sol, sous-sol, air, plantes et animaux; c'est le théâtre de l'action dressé par la nature; ce sont les conditions matérielles premières, posées à l'installation de cette société et à son existence même. C'est comme le moule d'argile dont elle doit subir d'abord la forme.

Quand, arrivant dans un pays nouveau, vous voulez vous rendre compte de la vie que vous pouvez y mener, vous observez avant tout les dispositions et les ressources du lieu : vous examinez votre chambre, son ameublement, ses abords, la distance où elle est de ceci et de cela, les endroits où vous prendrez vos repas, les objets dont ils se composeront, etc., persuadé que vous êtes du tour très différent que prendra votre séjour suivant les conditions matérielles dans lesquelles vous vous installerez. Ainsi fait un maître de camp : le choix du lieu où campera sa troupe est la question préliminaire de tous les arrangements qu'il devra prendre. Ainsi en est-il de toute la race humaine dans ses affaires de tous les jours, il faut bien que, pour toutes choses, elle pose quelque part, et qu'elle se serve d'objets matériels : c'est la condition préalable par excellence. Il est donc naturel et nécessaire de commencer par le Lieu la classification des faits sociaux.

La ***seconde classe*** de faits comprend ce qui regarde le Travail de l'homme, le travail matériel, manuel. Les ressources offertes par la nature ne sont rien, si l'homme ne se met en devoir d'en tirer parti, de les appliquer, de les tourner à son service. De là une série de faits qui se lient étroitement à la question du lieu. Le travail est l'opération de l'homme pour tirer du lieu ce dont il a besoin. C'est pour l'homme comme le complément du lieu; c'est l'action par laquelle il se met en rapport avec lui. Cette classe de faits est ainsi intimement liée à la précédente; dès que l'homme existe, on les conçoit nécessairement toutes les deux et on ne les conçoit plus l'une sans l'autre.

La ***troisième classe*** de faits concerne la ***Propriété;*** c'est le phénomène social qu'amène immédiatement et inévitablement le travail : toute la visée dans le travail est de s'approprier un bien quelconque. L'homme ne travaille pas pour que le résultat lui échappe. La propriété est aussi étroitement jointe au travail que le travail au lieu; c'est une série nécessaire : de même que le lieu ne sert point sans le travail, le travail ne sert point sans la propriété. Il y a un tel lien entre ces deux ordres de phénomènes, que partout la propriété se constitue d'après les besoins du travail. Bon gré mal gré, il faut qu'elle en vienne là. Elle va constamment se taillant et se retaillant sur ce modèle. Le travail doit-il se faire en communauté, vous avez la propriété en communauté; doit-il se faire ménage par ménage, vous avez la propriété de famille; doit-il se faire par l'initiative souveraine d'un chef puissant, vous avez la grande propriété. L'étude de ces deux classes de faits, travail et propriété, est inséparable.

Mais au point de vue social, il y a quatre natures de propriétés bien distinctes, d'après leurs objets :

La propriété par excellence, celle qui est le plus caractéristique de tout état social, c'est la propriété foncière. C'est le régime agraire, si capital dans la constitution de tous les peuples, si nécessairement fameux dans toutes leurs révolutions. Cette propriété précède donc les autres dans la classification et on lui donne simplement le nom de Propriété.

Les *Biens mobiliers* viennent ensuite : ils sont comme une propriété inférieure, supposant chez ceux qui la possèdent, à quelque degré que ce soit, beaucoup moins de qualités sociales : ceci est un thème connu.

Le *Salaire* est un autre genre de biens très distinct au point de vue social, il est d'une nature très particulièrement précaire dont tout le monde se rend compte; on peut dire que c'est la forme infime de la propriété. Le Salaire se place au-dessous des Biens mobiliers proprement dits.

Enfin l'*Épargne* vient après la détermination de ces trois ordres de propriété, comme le mode à l'aide duquel elles s'accroissent ou à l'aide duquel on s'élève de la moindre à la plus haute.

Ainsi la propriété foncière, les biens mobiliers, le salaire et l'épargne forment les *troisième*, *quatrième*, *cinquième* et *sixième classes* de faits sociaux.

On ne saurait suivre un ordre inverse sans se heurter à de grandes difficultés de méthode, parce que la plupart des faits relatifs aux biens mobiliers, au salaire et à l'épargne sont essentiellement dominés et déterminés par les conditions de la propriété foncière et les présupposent.

Ces quatre classes de faits peuvent se réunir sous le titre très généralisé de propriété. En outre, on peut y joindre les deux premières classes, le lieu et le travail, sous le titre commun : « Moyens d'existence, » terme très usité chez Le Play. De sorte qu'en fin de compte nous avons maintenant sous les yeux le tableau complet en six parties des moyens matériels d'existence d'une société.

Ces moyens d'existence sont ce qui détermine les formes diverses de la famille ouvrière. Voilà, pourquoi il est nécessaire de s'en rendre compte avant d'atteindre l'étude même de la *Famille ouvrière*, qui constitue la *septième classe* de faits.

Ici, il ne faut pas se méprendre. On entend *spécialement*, dans la classification, sous le nom de « Famille ouvrière », l'ordre de subordination qui existe entre les membres de la famille, la hiérarchie des personnes appartenant au même foyer. C'est là tout le phénomène qu'on étudie sous ce titre. Qui commande? qui obéit? quels rapports personnels a-t-on les uns avec les autres?

C'est ce qui explique que la famille ouvrière ne vienne ici qu'au septième rang. Il semblerait qu'elle dût figurer en tête, puisque l'analyse sociale commence par la monographie de la famille ouvrière. Mais dans cette monographie elle-même, il y a un ordre à suivre et cet ordre est celui que nous venons d'indiquer : lieu, travail, propriété, puis hiérarchie au foyer. *Tout cela fait partie de la description de la famille ouvrière :* tout cela, et bien d'autres choses encore, qui vont suivre et que nous grouperons en effet tout à l'heure sous le titre général de « Famille ouvrière », comme nous avons déjà groupé quelques classes sous le titre commun de « Moyens d'existence ». Mais ici, dans cette septième classe de faits, on donne à ce mot de « famille » son acception la plus stricte, la plus spéciale, comme il convient dans un classement précis : il s'agit des liens de dépendance qui unissent les personnes; il ne s'agit plus de ce qu'elles produisent et de ce qu'elles possèdent, mais de ce qu'elles sont les unes vis-à-vis des autres; c'est la question de l'autorité paternelle, de l'influence de la femme, de l'éducation des enfants, etc... Il faut donc, quand on rencontre ces termes de « famille ouvrière, d'organisation de la famille ouvrière », il faut distinguer si l'on doit entendre par là tout ce qui concerne l'existence de cette famille ou seulement ce qui regarde les rapports hiérarchiques de ses membres.

Ceci expliqué, j'en reviens à la suite rigoureuse de mes faits.

Quand on a sondé à fond les phénomènes du travail et de la propriété, on voit qu'ils ne tiennent pas debout s'il ne se rencontre dans la race humaine quelque chose de très particulier, qui est la formation des jeunes à certaines règles d'action, au moyen d'une autorité qui les saisit dès le berceau et les domine étroitement chaque jour et dans tout le détail de leur vie pendant un certain nombre d'années. Cette opération, par laquelle il faut que passe la race pour se trouver capable d'établir et de maintenir ses moyens d'existence, cette opération, dis-je, s'exécute par le jeu d'un organisme constant, dont les trois pièces principales sont le foyer, l'autorité paternelle et la loi divine. C'est ici que se saisit mieux qu'ailleurs l'étroit accouplement des faits moraux avec les faits matériels pour produire indivisiblement cette magnifique création qui est la société humaine.

Et il n'est pas possible, comme je le disais plus haut, de placer cette étude de la hiérarchie domestique avant l'étude des moyens d'existence, parce que cette hiérarchie, invariable dans son fond, reçoit ses modifications les plus importantes des nécessités très diverses qu'imposent des moyens de vivre très différents. Personne ne l'a mieux montré que M. Demolins, en exposant comment les trois formes fondamentales de la famille, la famille patriarcale, la famille-souche et la famille instable, procèdent, à l'origine, des trois moyens très particuliers d'existence qu'offrent les steppes, les rivages maritimes et les forêts. On ne comprendrait donc pas les variétés que présentent l'autorité paternelle et les autres éléments de la famille, si on ne connaissait d'abord la diversité des conditions que lui font le travail et la propriété.

On voudra bien remarquer que cette étude de la famille se restreint ici à « la famille ouvrière ». A cet endroit du classement on n'a pas encore recueilli les faits suffisants pour connaître les autres familles. Leur tour viendra plus loin.

Après la « famille ouvrière », vient son *Mode d'existence*, c'est-à-dire la nourriture, le vêtement, le logement, etc.

Les ressources de la famille et l'organisation de son personnel étant connues par ce qui précède, on peut se rendre compte de l'application qu'elle fait de ses ressources aux besoins matériels de ses divers membres. C'est ce qui appelle ici cette *huitième classe* de faits. Elle est la contre-partie des moyens d'existence : mode et moyens sont deux termes qu'il ne faut pas confondre. Le mode d'existence est aux moyens d'existence ce que la dépense est aux recettes, ce que la consommation est à la production. Le mode de vivre n'est pas la même chose que les moyens de vivre : la nourriture, le vêtement, le logement, etc., ne sont pas la même chose que le travail, la propriété, le salaire ou l'épargne : ils en sont la conséquence et le but final.

Quant aux besoins immatériels de la famille, qui sont satisfaits beaucoup moins à l'aide de ressources matérielles que d'actions gratuites et morales, on voit figurer dans des classes de faits spéciales le mode d'après lequel il y est pourvu. Je ne donne pour exemple que quatre principaux de ces besoins immatériels : la famille ou l'éducation, le patronage ou la protection, les cultures intellectuelles ou l'instruction, et la religion : toutes ces classes de faits existent dans la nomenclature que j'expose ici : on y trouve rangé à sa place ce qui répond à chacun de ces divers besoins de la famille ouvrière. On voit ainsi à combien de parties de l'organisme social se rattache l'existence de la moinde famille. Le plus simple et le vrai est de dire qu'elle se rattache à toutes. Je viens d'indiquer comme exemple quatre des parties de cet organisme social, mais on peut les prendre toutes les unes après les autres et reconnaître aisément que chacune d'elles répond à quelque besoin spécial de la famille, même ouvrière : ainsi sont le commerce, le voisinage, les corporations, la commune, les unions de communes, la cité, le pays, la province, l'État lui-même et le reste. Tous ces ordres de faits correspondent précisément à une série de besoins qu'éprouve la famille ouvrière aussi bien que toutes les autres.

Quand on étudie le mode d'existence de la famille ouvrière, on ne tarde pas à remarquer qu'il se présente un certain nombre de cas, toujours les mêmes, dans lesquels cette famille ne réussit plus d'ordinaire, seule, à satisfaire à ses besoins même matériels. C'est ce que Le Play a appelé les *Phases de l'existence*. C'est à bon droit qu'il les a rangées dans une classe à part. Le nom qu'il leur a donné exprime bien leur caractère distinctif. C'est une série de circonstances non habituelles, non journalières ou annuelles, mais à périodicité plus longue et la plupart du temps incertaine : ce sont des phases dans la vie, ce n'en est plus le mode commun et ordinaire.

Ces « Phases de l'existence » composent donc une *neuvième classe* de faits sociaux. Je citerai pour exemple les plus frappantes : les naissances d'enfants, leur établissement, les déplacements, les accidents et maladies, les retraites d'infirmes ou de vieillards, les décès, les sinistres, les chômages, l'endettement, etc.

Les phases de l'existence se présentent ainsi comme des faits qui viennent bouleverser, tantôt pour un bien, tantôt pour un mal, les conditions ordinaires du mode d'existence : c'est à ce titre qu'elles se joignent immédiatement au « Mode d'existence ».

Quand on a parcouru, comme nous venons de le faire, les moyens d'existence, le système familial et les mode et phases d'existence de la famille ouvrière, on a terminé l'étude directe de cette famille; et les neuf premières classes de faits pourraient être rassemblées sous le titre très sommaire et très succinct « d'Organisation de la Famille ouvrière ».

Mais la dernière classe de faits que nous venons d'atteindre sous le nom de phases de l'existence, a achevé de révéler un ordre de phénomènes des plus importants, le plus important peut-être dans l'agencement général de l'ordre social : c'est le Patronage. Déjà, dans l'étude du travail et dans celle de la propriété, on avait saisi avec là dernière évidence l'intervention de familles ou de gens à aptitudes supérieures, placés au-dessus de la famille ouvrière, pour la direction du travail et pour la fécondation de la propriété, tout au moins dès que le travail et la propriété se trouvaient appelés à fournir de grandes ressources. Les phases de l'existence ont montré quelque chose de plus : c'est que ces gens à aptitudes supérieures ne sont pas seulement utiles ou indispensables à la famille ouvrière pour l'organisation du travail et de la propriété, mais encore dans l'emploi qu'elle fait de ses ressources, puisqu'il se présente inévitablement dans l'existence de la famille ouvrière telles phases où elle serait impuissante à suffire à ses besoins, si elle n'était secondée par de plus avisés et de mieux pourvus qu'elle. En un mot, il est ressorti de l'observation successive du travail, de la propriété et des phases d'existence de la famille ouvrière, qu'il y avait trois sortes de patronages exercés sur elle : le patronage dans le travail, le patronage dans la propriété, le patronage dans l'emploi même de ses ressources.

C'est pourquoi l'étude directe de la famille ouvrière étant terminée, le premier ordre de faits qui réclame l'attention de l'observateur, c'est la connaissance intime de l'organisation des familles patronales. On a vu dans la famille ouvrière les effets, les triples effets, du patronage : il s'agit maintenant de remonter aux causes, de pénétrer jusqu'au centre de cette action dont on a vu les effets : il s'agit d'étudier en elle-même la famille patronale, de voir son organisation intérieure et de saisir la raison de tout ce qu'elle sait faire.

De là une *dixième classe* de faits sociaux, sous le nom de ***Patronage***.

Je me hâterai maintenant, parce que j'ai atteint, avec le patronage, comme l'arête faîtière de l'édifice social. La famille patronale est pourvue, par différentes manières, d'aptitudes ou de facilités spéciales à protéger, à abriter, à couronner pour ainsi dire la famille ouvrière, mais ce n'est là qu'un côté de sa situation; elle se trouve, d'autre côté, appelée à protéger, à abriter et à couronner les familles ou les gens livrés à l'exercice des arts libéraux de tous ordres. C'est ce que nous allons voir en poursuivant notre classification.

En analysant de très près les qualités essentielles de la famille patronale, on reconnaît que son aptitude caractéristique est non pas telle ou telle spécialité intellectuelle, mais l'aptitude au gouvernement, au maniement des hommes, à la direction générale de la vie. C'est ce que Virgile attribuait au peuple-roi dans des vers fameux :

> Excudent alii spirantia mollius æra...
> Tu regere imperio populos, Romane, memento.

Mais si, par là, le patron est très apte à mettre en œuvre les ressources supérieures que peut offrir la nature humaine, il n'est pas apte à trouver toutes ces ressources en lui-même. Il lui faut donc recourir aux spécialistes, aux gens à aptitudes particulières et rares, pour tirer d'eux toute l'aide dont il a besoin. Il est comme un souverain, comme Louis XIV, si vous le voulez, qui a charge du bien public et qui, ne pouvant fournir à tout par lui-même pour les besoins du pays, s'entoure d'administrateurs, d'hommes de guerre, de diplomates, de savants, de lettrés; ainsi le patron est obligé de recourir à des hommes spéciaux, habiles chacun dans son affaire, infiniment plus capables que lui dans leur spécialité, mais moins capables ou moins bien placés que lui pour gouverner, parce qu'ils n'ont pas comme lui la direction du travail et de la propriété; ils n'ont pas ce pouvoir souverain sur les moyens d'existence, que nous avons vus si étroitement liés à la vie de la famille ouvrière.

Les aptitudes spéciales auxquelles est obligé de recourir le patron pour venir à l'aide de la famille ouvrière sont de trois ordres : le commerce, les cultures intellectuelleset la religion.

Ce n'est pas à dire que le commerce, les cultures intellectuelles et la religion, ou pour mieux préciser, le clergé, ne soient en rapport direct avec la famille ouvrière : tant s'en faut; mais selon ce que j'ai eu constamment à faire observer, le classement d'un fait ne vient bien qu'après les faits qui aident le mieux à en comprendre toute l'action.

Le *Commerce* se classe d'abord, parce qu'il représente l'aptitude la moins élevée, la moins éloignée à tous égards de l'ordre des travaux manuels, auxquels nous avons jusqu'ici borné notre observation : c'est la *onzième classe* des faits sociaux.

Les *Cultures intellectuelles* ensuite, parce qu'elles représentent quelque chose de plus rare et de moins immédiatement rapproché des travaux manuels : ce sont les sciences, lettres et beaux-arts. Telle est la *douzième classe*.

La *Religion* au-dessus, parce qu'elle suppose, j'entends dans ceux qui y sont maîtres, des aptitudes bien autrement particulières et supérieures. C'est la *treizième classe* de faits.

Dans cette classe de faits, Le Play n'entend pas grouper et enfermer tout ce qui regarde la religion, que nous avons vue plus haut apparaître dès qu'a surgi le caractère essentiellement moral de l'homme : nous avons dit, à propos de la famille, que la société était ruinée par la base et incapable de s'établir, même pour la satisfaction des besoins matériels, si l'homme n'était plié dès l'enfance et avec assiduité à la loi divine, c'est-à-dire, en propres termes, à la religion. Les faits religieux apparaissent partout à travers toute la série des faits sociaux; c'est là qu'on voit, de classe en classe, leurs effets. Mais dans le chapitre spécial de la Religion, on examine directement la religion en elle-même, dans son organisation fondamentale, dans sa constitution intime. C'est là qu'est étudié, à l'aide de l'observation directe, le clergé, son enseignement, le culte public, etc.

Ainsi nous sommes montés de degrés en degrés, sans laisser aucune discontinuité dans la suite rigoureuse des faits, nous sommes montés de l'observation du lieu à celle de la religion, de l'appui matériel que la terre donne à l'homme jusqu'au soutien suprême qui lui vient des choses célestes.

Mais je dois revenir ici à ce que j'ai commencé plus haut à dire de l'office social du patron. Tout élevées que soient intellectuellement ou moralement les familles ou les individualités spécialement adonnées aux fonctions du commerce, des cultures intellectuelles et de la religion, on observe qu'elles ont souvent besoin d'être guidées en ce qui regarde les intérêts matériels soit de la masse, soit d'elles-mêmes. Cette direction, elles la trouvent auprès des patrons, qui en ont l'aptitude propre et professionnelle. Ainsi, comme je l'ai dit, les patrons étendent leur patronage en quelque sorte sur les deux versants de l'édifice social, sur la classe ouvrière et sur les classes libérales.

Le patron, dans son atelier, avec cette double couronne de gens travaillant de la main ou travaillant de l'intelligence, forme au-dessus de la simple famille un groupement social dont nous comprenons maintenant l'agencement.

On peut voir un type bien dessiné de ce groupement dans nos grandes usines patronales de l'Occident, où se trouvent réunis autour du patron les ouvriers de son atelier, les agents de sa maison commerciale, l'instituteur de son école, les ingénieurs de ses bureaux, les lettrés et les artistes de son salon, l'aumônier de sa chapelle.

Mais ce groupement affecte bien des formes, et le patronage lui-même n'est pas toujours personnifié dans un homme et une famille. Le plus souvent le patron, de quelque façon que se constitue son personnage, n'a pas dans le commerce, dans les cultures intellectuelles et dans la religion un personnel qui lui soit propre ; et alors ce personnel du commerce, des cultures intellectuelles et de la religion se trouve à la fois en rapport avec une multitude de patrons, avec une multitude de familles ouvrières ou libérales se reliant à des ateliers, à des centres de travail différents.

Ceci nous pousse à l'observation d'un fait nouveau, à une *quatorzième classe* de faits : le *Voisinage*.

Ces gens, se rattachant les uns à un centre de travail, les autres à un autre, quelques-uns même à plusieurs de ces centres à la fois, se trouvent en rapport les uns avec les autres, de famille à famille, d'atelier à atelier, de classe sociale à classe sociale, sans qu'il paraisse y avoir au-dessus de cette collectivité formant le voisinage aucune autorité supérieure et générale, aucun principe d'organisation commune et d'ordre combiné. Cependant l'observation révèle que le voisinage, première image et formation rudimentaire de la nation, a ses chefs spéciaux, ses lois particulières. C'est là que s'exerce le règne et que se manifeste l'action de ces autorités bénévoles et bénévolement acceptées, mais profondément efficaces, que Le Play a appelées les Autorités sociales et qu'il considère à bon droit comme les plus puissants appuis et les derniers fondements de la nationalité. Les autorités sociales sont ces hommes qui, sans pouvoir venu d'ailleurs que de leurs grandes qualités, règlent et gouvernent le voisinage par la seule force du conseil et de l'exemple.

Ce que cette constitution du voisinage laisse ainsi d'un peu trop subordonné au libre acquiescement de chacun et d'un peu trop ouvert au changement des bons vouloirs, a suscité dans les sociétés la formation d'une *quinzième classe* de faits, les *Corporations*, dites d'intérêts communs ou de bien public.

Ces corporations sont comme un voisinage plus étroitement lié et fondé sur des engagements définis, positifs et formels. C'est là leur caractéristique : elles se composent de gens indépendants, qui, ne trouvant pas suffisants les liens que créent entre eux leurs rapports naturels, jugent à propos de les confirmer par des engagements réciproques. C'est une certaine dose de contrainte, volontairement acceptée par des gens égaux, pour maintenir une union dont ils ont besoin.

Mais il s'est trouvé dans toutes les sociétés humaines que certains intérêts communs n'ont pu être laissés, ni au bon vouloir du voisinage, ni à la liberté d'engagements des corporations, et on les a garantis par des contraintes absolues, qui saisissent les gens malgré eux et sans leur consentement préalable. Nous rencontrons là l'établissement du pouvoir public, le commencement de la souveraineté; nous entrons dans une série de faits, tous caractérisés par cette contrainte absolue, par cette contrainte créée selon les besoins, vrais ou prétendus, du bien public. Nous sommes au point de jonction de la « vie privée » et de la « vie publique ».

Cette vie publique se développe et s'échelonne en quelques grandes classes de faits qui ont chacune leur raison d'être très distinctive et qui se retrouvent dans toute société, au moins par équivalence, quelquefois un peu mêlées, d'autres fois décomposées au contraire. Ces classes sont la *Commune*, les *Unions de Communes*, la *Cité*, les *Pays-membres de la Province*, la *Province* et l'*État*. Elles forment les *seizième*, *dix-septième*, *dix-huitième*, *dix-*

neuvième, vingtième et *vingt et unième* classes de faits sociaux. Je n'ai pas à en exposer l'ordre progressif et nécessaire. Tout le monde comprend cet ordre à première vue. C'est une suite d'associations forcées, de plus en plus étendues, depuis la Commune, qui se rapproche le plus des limites ordinaires du voisinage et de la corporation, et qui présente le plus d'analogie avec ces deux groupes, jusqu'à l'État, qui embrasse la nation tout entière et en détermine pour ainsi dire le périmètre.

Mais l'observateur, que les faits ont conduit peu à peu du petit centre de la famille ouvrière aux confins extrêmes du territoire national, s'aperçoit que les faits ne s'arrêtent pas là, le poussent encore au delà et vont débordant cet espace.

La nation se répand en dehors de ses limites par l'émigration et la colonisation, et une *vingt-deuxième* classe de faits s'accuse : c'est *l'Expansion de la race.*

Au delà, c'est l'Étranger; mais avec l'étranger lui-même la race a des rapports, de mille manières et sur mille points, rapports actifs et passifs : *vingt-troisième* classe de faits bien distincte, sous le nom de *l'Étranger.*

Parvenu là, après avoir vu tout ce qu'il peut voir, l'observateur est contraint de reconnaître qu'un autre ordre de faits vient encore s'imposer à lui. Beaucoup de choses qu'il a vues ne peuvent s'expliquer par aucun des faits actuels, et il lui est manifestement démontré qu'il doit remonter aux faits anciens : nouvelle classe de phénomènes à étudier, l'influence du passé sur le présent dans l'état des sociétés. C'est la *vingt-quatrième* classe de faits : *l'Histoire de la race.* Ici la science de mon observateur ne se confond pas avec celle de l'historien : il recueille les témoignages que lui fournit l'historien, mais il a son critérium à lui et sa manière propre de contrôler les faits; il sait l'état présent de la race, il sait par des observations directes, faites sur des races vivantes, que tel fait peut se lier ou ne peut pas se lier avec tel autre; et à tout ce que lui présente l'historien il applique cette critique, comme les naturalistes appliquent aux espèces disparues les connaissances prises dans l'étude certaine des espèces subsistantes.

Si l'homme que je mène ainsi d'étape en étape à travers les faits sociaux se bornait à connaître une seule société, il serait maintenant au terme. Mais dès qu'il en a connu plusieurs, il remarque que, tout compté, elles jouent des rôles très différents. Alors son esprit s'éveille à la pensée que le monde social forme non pas une collection de sociétés indépendantes, mais un ensemble coordonné de sociétés, dont les rôles nettement distincts se complètent et se combinent pour un résultat total, alors même qu'elles s'ignorent les unes les autres et n'ont pas eu de contacts immédiats. Il cherche donc le rang que la race objet de ses études doit occuper à l'égard de telle autre, et puis de telle autre encore; et cet ordre de relations, d'abord inaperçues entre des races qui ne se sont pas rencontrées directement, est une *vingt-cinquième* et dernière classe de faits sociaux, désignée sous le nom de ***Rang de la race.***

Nous touchons là au dernier fait que nous puissions atteindre, à la combinaison générale du monde social, au système que constituent dans leur ensemble toutes les sociétés humaines. C'est assurément un beau pendant au problème du système du monde sidéral.

J'ai accompli ma tâche, mais non pas tout entière. J'ai montré la suite de ces vingt-cinq grandes classes de faits sociaux : il me resterait maintenant à reprendre successivement l'étude de chacune, pour montrer dans quel ordre elles vont se divisant et se subdivisant en espèces et en variétés presque à l'infini. J'ai indiqué le procédé de ce travail et de cette classification rigoureuse dans des tableaux qui continuent pour tout le détail le classement dont je viens de déterminer les plus grandes divisions, divisions si vastes que chacune d'elles enferme un monde de faits. Qui ne comprend ce qu'il y a d'immense, d'innombrable sous chacun de ces mots : le Travail, la Propriété, la Famille, le Patronage, le Commerce, les Cultures intellectuelles, la Religion, l'État et le reste! Les tableaux que j'ai dressés du détail des vingt-cinq classes de faits devaient, pour servir pratiquement la science, être tracés en vue d'un usage facile. J'y ai donc simplement inscrit ce qui peut conduire l'observateur à déterminer lui-même indéfiniment et aussi loin qu'il le désire le classement des faits qu'il recueille. Aussi ai-je donné à ce travail le nom de *Nomenclature*, qui exprime mieux que celui de classification son usage pratique.

Mon ami M. Prieur a entre prisd'exposer, dans notre Revue (1), le principal détail de ces tableaux, et on peut voir le tableau du Lieu, déjà antérieurement expliqué par lui, et le tableau du Travail (2). Personne ne saurait remplir avec plus de savoir et de talent que M. Prieur cette tâche vraiment scientifique et souverainement féconde.

J'aurais dû commencer par dire que tout ce travail, poursuivi depuis de longues années, s'est trouvé achevé il y a quatre ans, et que nous lui devons la fécondité nouvelle des études de science sociale.

Des études qui se trouvent pourvues de ce triple instrument scientifique : une méthode d'analyse, une méthode d'observation comparée et une méthode de classification, sont vraiment *une science*. Elles en ont toute la puissance.

J'ai essayé, dans quatre articles bien abrégés, de donner quelque idée de chacune de ces méthodes appliquée aux faits sociaux. J'espère qu'on aura vu qu'elles ne reposent pas en l'air.

Mais j'aime à m'arrêter avec Le Play sur cette pensée que les méthodes scientifiques se prouvent mieux par leurs résultats que par toute dissertation. La science sociale est à même pour son compte de faire cette preuve.

Henri de Tourville.

(1) Voir *la Science sociale*.
(2) Voir l'article ci-après *les Lois du travail*.

LES

LOIS DU TRAVAIL.

I.

Le lecteur connaît, par mes deux précédents articles (1), le but auquel je tends. Je veux montrer le moyen de décrire avec ordre, pièce à pièce, une société, comme on décrit, organe par organe, membre à membre, une plante ou un animal.

J'ai expliqué pourquoi, quand on cherche à décrire les choses que l'on voit, même dans la plus simple des sociétés, dans une famille ouvrière, il faut commencer par un inventaire détaillé du *Lieu* sur lequel elle est installée : c'est parce que l'homme n'organise son existence en société qu'à la condition d'avoir un sol où poser, de l'air à respirer, des plantes et des animaux qui le nourrissent ou le servent. Ces premiers éléments de sa vie, c'est la nature qui les fournit, autrement dit le Lieu.

Avant donc de mettre au jour chacun des rouages qui composent le mécanisme d'une société, quoi de plus naturel que de relever et de noter une à une toutes les forces physiques à l'aide ou à l'encontre desquelles cette société s'installera?

Afin que l'on comprenne comment, après la description du Lieu, on est amené à placer immédiatement les faits relatifs au *Travail*, je remets sous les yeux du lecteur, dans une courte

(1) Voir *la Science sociale*, livraison de mai, t. I, p. 393, et livraison de juillet, t. II, p. 22.

nomenclature et selon l'ordre où les a distribuées M. H. de Tourville, les différentes parties du *Lieu* (1).

LE LIEU.

I. — **Sol et eaux.** (*Géographie physique.*)
Situation géographique de la famille et superficie étudiée.
Reliefs et contours du sol.
Terrains.
Eaux.

II. — **Sous-sol.** (*Géologie.*)

III. — **Air.** (*Météorologie.*)
Saisons.
Accidents atmosphériques.

IV. — **Productions végétales.** (*Botanique.*)
Steppes.
Forêts.
Végétations variées.

V. — **Productions animales.** (*Zoologie.*)
de la terre;
des eaux.

Ce simple tableau montre les diverses parties du Lieu disposées dans un agencement naturel, dans l'ordre suivant lequel la nature les a comme ajoutées les unes aux autres.

D'abord le point précis du Lieu où est posée la famille, premier objet de l'observation : c'est la *situation géographique.* Autour de ce point central, on trace la ligne circulaire qui marque l'extrême limite du territoire auquel s'est étendue l'observation : l'espace ainsi enfermé forme la *superficie étudiée.*

En délimitant de cette façon le champ de notre observation, nous n'avons encore fait que de la géographie plane. Sans nous préoccuper de ce qu'il peut y avoir dessus ou dessous, nous avons purement et simplement tiré des lignes comme sur une table rase, et tracé au cordeau les frontières de la surface occupée par la société que nous voulons décrire.

Voyons-la maintenant telle qu'elle est, cette surface. Elle

(1) Ce tableau du *Lieu*, celui du *Travail* placé plus loin, et ceux qui viendront à la suite, sont le développement de la classification donnée par M. H. de Tourville, dans l'article fondamental qu'on a lu ci-dessus, p. 4.

n'est, en réalité, ni tout à fait plate, ni à pans exactement coupés : certaines parties montent en saillies, d'autres s'enfoncent en creux, faisant des collines et des vallées; celles-ci se plissent et tombent ici en pentes raides, là s'arrondissent sur les bords : c'est ce qu'on appelle les *reliefs et contours*. Ils composent la figure extérieure du sol.

De même qu'il importe de distinguer chacun de ces traits et le jeu alternatif, sur la surface, des pentes et des dépressions dont le rôle est si différent dans l'organisation des sociétés, — il est utile de connaître les éléments qui entrent dans la composition de ce sol superficiel, et qui varient à chaque pas : la nature des *terrains* et des *eaux* qui se le partagent, les proportions dans lesquelles ils se mélangent, les qualités qu'ils se donnent mutuellement, si ce sont des *terrains* arides ou bien arrosés, gras ou légers, sablonneux ou argileux, des *eaux* douces ou salines, courantes ou stagnantes, souterraines, intermittentes, calcaires ou ferrugineuses, etc.

L'observateur, perçant alors cette surface, descend jusqu'aux phénomènes *géologiques* pour connaître ce domaine souterrain que l'homme a fait sien, qu'il regarde comme une continuation, une possession plus profonde de la surface, où il s'enfonce souvent pour saisir ce qui n'affleure pas.

Par contre, au-dessus, l'*air*. Il complète la surface par le haut comme le sous-sol fait en dessous. C'est lui qui donne la vie; sans lui, le sol superficiel, inerte, sans eaux, ne verrait jamais un être organisé. L'air agit de deux façons, d'une manière régulière, périodique, prévue, ce sont les *saisons*, ou bien par mouvements violents, inattendus, exceptionnels, qui changent quelquefois la physionomie de la surface terrestre et en déplacent les parties. L'ouragan de 1865, par exemple, a introduit à la Guadeloupe les pélicans, qui y étaient inconnus autrefois. On désigne ces troubles de l'air sous le nom d'*accidents atmosphériques*.

Sur le sol, ainsi connu avec ses deux faces de dessus et de dessous, apparaissent alors des êtres nouveaux qui le peuplent : d'abord, les *steppes*, les *forêts* et les *végétations variées*, posées sur le *sol*, mais qui demandent de quoi vivre au sous-sol et à l'air; puis les *animaux* qui, tant sur les *terrains* que dans les *eaux*, vont vivre des plantes ou aux dépens les uns des autres.

Toutes ces parties de la nature s'emboîtent l'une dans l'autre. Comme les étages d'une maison se superposent, depuis la surface plane où elle est située jusqu'au toit qui la couvre, de même les forces matérielles s'échelonnent, en partant du point inerte qui leur sert d'assiette, pour aller jusqu'aux animaux qui se remuent et qui se servent de tout le reste.

Il n'y a plus pour compléter le théâtre qu'à introduire l'homme à son tour. Il apparaît à la suite des animaux, comme un animal supérieur, agissant sur le Lieu, ajoutant encore quelque chose aux forces précédentes, rien que par son effort physique manuel. C'est par ce côté tout matériel qu'il prend place immédiatement après les animaux. A ce point de vue, on pourrait, dans la classification des phénomènes physiques, placer après les productions dues à l'espèce animale, les productions dues à l'effort humain, après les *productions animales* les *industries humaines*.

La raison de ce classement est naturelle; je sais que le Lieu agit de beaucoup de manières sur l'homme, sur ce qu'il fait : la vue d'un beau paysage, par exemple, opère sur l'esprit, qu'elle dispose au recueillement, le froid sur les sens, dont il amortit le feu. Cependant le Travail, qui montre la force physique de l'homme aux prises avec les autres forces physiques, demeure, pour l'homme et le Lieu, le point de contact le plus saillant, le plus saisissable, le plus matériel.

Or, nous avons appris que pour observer les phénomènes sociaux, le meilleur procédé est de commencer par les côtés les plus matériels, les plus visibles à l'œil, et non par ceux qui touchent à l'ordre *intellectuel* ou *moral;* que cette méthode a l'avantage de fixer l'attention, de tenir de plus près l'observation, comme les jalons quand on arpente. Il est donc bon de saisir d'abord l'action de l'homme que l'on introduit dans le Lieu, par son côté le plus matériel, et c'est le *Travail manuel.* C'est lui qui fait le lien, le point de raccord entre la nature et l'homme.

II.

Comme les différentes parties du Lieu vont s'ajoutant l'une à l'autre, les phénomènes du Travail vont se compliquant. On peut suivre la progression de ces complications dans le tableau très succinct que voici et que je vais expliquer.

LE TRAVAIL

(des divers membres de la famille ouvrière).

I. — Simple récolte :

Pâturage.
Pêche côtière.
Chasse, pêche fluviale, cueillette.

II. — Extraction :

Culture en communauté (*dite agricole*).
Culture (petite).
Culture fragmentaire.

Culture (grande) (*avec les usines agricoles*).
Forêts (Art des) (*avec les usines forestières*).
Mines (Art des) (*avec les fonderies*).

III. — Fabrication :

à la main	en communauté ouvrière (*dite industrielle*).
à moteurs animés	d'industrie domestique principale.
à vent	d'industrie domestique accessoire.
à eau	en petit atelier patronal.
au bois	en fabrique collective.
à la houille	en grand atelier.

IV. — Transports :

par portefaix par animaux de bât ou de trait	particuliers.
par glissage par batellerie par vapeur.	publics.

Mon procédé d'explication sera très simple : je vais rendre raison de chacun des mots contenus dans ce tableau ; dire ce qu'il faut entendre par *simple récolte*, *extraction*, *fabrication*, *transports*, et pourquoi chacune de ces méthodes de travail occupe dans ce classement telle place plutôt que telle autre.

Je commence par le mot *Travail.*

On sait par les observations qui précèdent qu'il ne s'agit ici que du Travail manuel.

Après les forces de la nature, dans l'ordre des faits purement matériels, il y en a une autre qui leur ressemble beaucoup, l'effort animal de l'homme.

Quand il s'emploie à remuer ou à produire des objets matériels, on l'appelle Travail *manuel*, ce qui s'entend du travail où « le corps a plus de part que l'esprit ».

L'autre travail de l'homme, celui de l'intelligence, est bien aussi travail ; mais il y a une différence qui se fait jour jusque dans le langage. Le travail intellectuel constitue, pour celui qui s'y livre, une profession dite libérale ; il n'y a que le Travail manuel qui fasse l' « ouvrier ». Ni l'avocat, ni le médecin, ni le savant, ni le peintre, ni l'architecte, ne sont des ouvriers. On dit qu'ils exercent une profession libérale, parce qu'on veut marquer qu'ils travaillent plus de l'intelligence que des bras.

N'est pas « ouvrier » non plus « le domestique » employé au service des personnes ou aux travaux du ménage, ni le « commis » adonné aux occupations du commerce. Il y a donc là quatre classes distinctes de la société. Les lois de leur organisation ne sont pas du tout les mêmes : les relations de l'ouvrier avec un patron ne ressemblent en rien à celles du domestique avec son maître, du commis avec le négociant, de l'avocat avec un client. Ils jouent chacun dans la société un rôle trop différent pour que l'on confonde leurs occupations, sous le nom commun de Travail.

Déjà, au commencement de la description du Lieu, j'ai insisté sur ce que l'observation d'une société ne devait jamais porter sur moins d'une famille, parce que, au-dessous de la famille, il n'y a plus que des individus, mais pas de société.

Cette remarque est consignée en tête du tableau du Lieu sous cette mention : *Situation géographique de la famille.*

La même indication reparaît ici sous le titre de *Travail des divers membres de la famille ouvrière*, mais avec un autre intérêt.

Le Travail peut déjà se trouver diversifié aux mains d'un même individu, le chef de famille. Nous connaissons tous des gens qui font deux métiers : celui-ci sera, je suppose, en même temps tanneur et cultivateur. A plus forte raison, faut-il tenir compte des divers métiers pratiqués par les membres d'une même société, si étroite qu'elle soit, comme une famille ouvrière. Il ne suffit pas de dire : Un tel est cordonnier, un tel tapissier; il est indispensable encore de constater si sa femme, si ses enfants, n'apportent pas dans la famille des ressources et des complications résultant de métiers tout à fait différents.

Évidemment, cette distinction est sans importance dans le cas où les enfants pratiquent le travail des pères, mais supposez une famille dont le chef soit patron d'un petit atelier de cordonnerie, la mère occupée aux soins du ménage. Jusque-là rien que de simple. Ajoutez deux enfants, un fils qui travaille dans une imprimerie, une fille modiste. Vous voyez d'ici que chacun de ces métiers aura son contre-coup fâcheux ou favorable dans la maison paternelle. Le fils y apporte toutes sortes d'idées nouvelles, la fille des habitudes de toilette et de dépenses. Il est du plus haut intérêt social de noter la part de chacune de ces influences dans la vie de la famille. C'est sur quoi on veut appeler l'attention de l'observateur, en lui remémorant qu'il doit tenir compte du travail de chacun des membres de la famille placée sous ses yeux.

Ceci posé, je voudrais expliquer pourquoi on a divisé en quatre branches le Travail manuel et sur quels principes se fonde le classement de ces quatre méthodes tel qu'il est marqué au tableau.

Il y a certains cas où la nature, sans avoir été sollicitée par les efforts de l'homme, fournit, d'elle-même, le nécessaire à la subsistance de la famille. C'est la nature toute seule qui produit; l'homme n'a qu'à *récolter*. Il n'a rien à ajouter aux forces spontanées sinon qu'à en recueillir les productions et à se les approprier.

Quand les Normands veulent insinuer qu'un voisin n'a pas été le principal ouvrier de sa fortune, ils disent finement que son bien lui vient de « la foire d'empoigne ». La *simple récolte* est, pour les populations qui en vivent, comme sont les pasteurs, pêcheurs, chasseurs, la « foire d'empoigne ». C'est un travail où l'homme n'intervient pas dans la confection du produit, où il se contente de vivre sur le fonds de la nature.

Mais il peut arriver que le Lieu occupé par la famille devienne insuffisant à la nourrir. Alors, l'homme demande à la nature certaines choses qu'elle ne lui donnera pas sans sa coopération; il ne se contente plus de récolter, ou de rechercher : il provoque, il stimule, il féconde par ses efforts les forces naturelles.

Dans le travail de *simple récolte* il n'avait qu'à recueillir; maintenant, avant même de recueillir, il doit aider la nature dans son œuvre. Elle lui donne le blé, mais à condition qu'il creuse le sol, qu'il sème, sarcle, irrigue, draine. La nature n'offre plus spontanément ses ressources; l'empire du Travail grandit.

Le mot *extraction*, opposé à *simple récolte*, met en lumière la part prépondérante que prend la force de l'homme dans la préparation du produit à consommer.

Les produits acquis par la *simple récolte* ou par l'*extraction* se présentent sous une forme déterminée que leur donne, une fois pour toutes, la nature, qu'elle ne modifie plus et qui en rend parfois l'emploi difficile ou restreint. Le blé, par exemple, dans son état primitif n'est bon qu'à être remis en terre et ne sert pas de nourriture. Pour que l'homme puisse l'appliquer à son usage, il faut qu'il le réduise, d'abord en farine, puis en pâte, puis en pain, ou bien, s'il veut en tirer de l'eau-de-vie, qu'il fasse passer le grain par toutes les opérations de la distillation.

Ces travaux, qui consistent, non plus à récolter ni à produire, mais à *élaborer* les objets produits pour les adapter à des usages variés, composent une classe spéciale sous le nom de *fabrication*.

La façon ainsi donnée aux objets est presque tout entière l'œuvre de l'homme; les forces de la nature y ont très peu de part comparativement au travail humain.

On peut supposer un tel état du Lieu occupé par la famille ou de tels besoins dans la famille, que les produits de la *simple récolte*, de l'*extraction* et de la *fabrication*, ne suffisent plus. Alors, on va chercher au loin les objets nécessaires. Par un nouveau genre de Travail manuel, les *transports*, on exploite, pour se l'approprier, tout ce qui est produit sur les autres lieux que celui sur lequel on est installé. Par le moyen des *transports*, on mange des glaces dans le Sahara et du raisin au Pôle. A partir du moment où ils apparaissent, le rôle du Lieu sur lequel est située la famille n'est presque plus rien. C'est l'effort de l'homme tout seul qui suscite, pour ainsi dire, sur un sol qui ne les produit pas, mille objets utiles.

Le sol ne fournit plus que la résistance inerte qu'il faut aux *transports* pour la viabilité.

On voit, par ce rapide exposé, que les méthodes de Travail se classent naturellement d'après la part que prend l'industrie humaine dans la production d'un objet, comparativement à celle qu'y prennent les forces spontanées du Lieu. La part des forces spontanées va diminuant, celle de l'industrie humaine va croissant.

Ce n'est pas à dire que les travaux d'Extraction, par exemple, sont plus intenses et font plus suer que la pêche, travail de Simple récolte. — Non.

Ce que je veux marquer, c'est que, sur un point donné, les produits utiles à la famille sont ici bien plus le résultat de la nature, là bien plus le résultat de l'industrie.

En d'autres termes, pour classer les méthodes de Travail, on considère les qualités utilisables de l'objet produit et l'on estime la part qu'ont eue à la production de ces qualités soit le *Travail manuel* de l'homme, soit les *forces spontanées* de la nature. On place en tête celle des méthodes de Travail dans laquelle l'action des forces spontanées du Lieu prédomine ; en dernière ligne, celle où l'industrie humaine l'emporte.

Le lien qui unit le Travail au Lieu est maintenant plus visible que jamais. Le tableau du Lieu nous conduisait de la force la moins active du Lieu, de la simple surface terrestre, à l'homme. Le tableau du Travail nous montre d'abord les forces spontanées du Lieu presque seules encore en action pour la production des choses utiles; à la fin, l'industrie de l'homme prépondérante.

Ainsi va, suivant une progression toute naturelle, ce classement des faits sociaux. Ainsi se succèdent dans un ordre naturel les quatre méthodes du Travail manuel, ce que l'on pourrait appeler les quatre grands genres du Travail.

Voyons maintenant les espèces.

III.

Dans la Simple récolte, je trouve le *pâturage*, la *pêche côtière*, la *chasse*, la *cueillette* et la *pêche fluviale*.

Pourquoi donc le pâturage avant la pêche côtière?

J'en donnerai deux raisons. Premièrement, le pâturage est le travail où l'action de l'homme pour la production des objets à consommer est le plus faible. Le pêcheur côtier qui fend péniblement les flots de la mer et qui lutte contre l'effort de la tempête, le chasseur qui poursuit le gibier pendant des jours à travers les obstacles des forêts, ne recueillent les produits que la nature fournit spontanément que par un travail dur et intense, tout attrayant qu'il puisse être. Dans le pâturage, point d'effort : le véritable *récoltant,* le cueilleur, celui qui fait, à vrai dire, tout le travail, c'est la jument, la chamelle, ou la vache. C'est par leur bouche que l'homme récolte les fruits de la steppe. Qu'est-ce que traire le lait, en comparaison du travail d'élaboration qui se fait chez l'animal, de l'herbe au laitage? On peut dire que, parmi les travaux de Simple récolte, le pâturage est celui où l'action de l'homme intervient le moins.

Cette première raison, toute matérielle, nous explique pourquoi le pâturage se place avant la pêche côtière, la chasse, etc.

Il y en a une seconde sur laquelle je dois m'arrêter, parce qu'elle est de beaucoup la plus importante.

Je remarque que le pâturage offre un caractère très particulier : c'est un travail qui peut faire vivre des populations entières, en tenant au même atelier tous les membres de la famille ouvrière et en liant étroitement l'atelier au foyer.

Il est clair qu'on a ici en vue le pâturage pris dans sa plus haute expression. Le type en est fourni, on le sait, par les pasteurs nomades. Toute classification se règle sur le type le plus éminent de chaque espèce.

J'ai dit que le pâturage tenait au même atelier tous les membres de la famille ouvrière : les hommes mènent le troupeau, rapatrient les animaux échappés, domptent les indociles; les femmes traient les bêtes; les enfants les gardent.

Le pâturage lie étroitement l'atelier au foyer : le pasteur, dont tout le soin est de veiller sur son troupeau et dont toute l'existence repose sur les produits qu'il lui livre plusieurs fois par jour, ne peut avoir son foyer que là où il a son troupeau.

On ne peut rêver, au point de vue de l'organisation du travail, un état plus simple : tous les membres de la famille ouvrière pratiquent le même travail et ils le pratiquent au foyer. Ajoutons que tout un peuple peut être ainsi constitué.

Voilà donc une société complète, étendue, où le travail n'introduit aucune division entre les membres de la famille, aucune division entre l'atelier et le foyer.

C'est la plus simple solution du problème social dans le travail, ou, pour mieux dire, le problème n'existe même pas : il y a identité entre la vie de famille et la vie de l'atelier : le travail ne s'est pas encore distingué du ménage.

Aussi comprend-on l'enthousiasme scientifique qui anima Le Play, quand il connut les peuples pasteurs. Il trouvait enfin une société où la question ouvrière se présentait dans sa plus simple expression, et avec une solution spontanée et naturelle. De pareilles trouvailles sont inestimables pour la science. Ceux qui n'en comprennent pas la portée, en parlent comme les aveugles des couleurs.

Après le pâturage, la *pêche côtière*.

C'est un autre travail de Simple récolte, qui consiste à recueillir le poisson que la mer conduit en grandes troupes près de certains rivages.

Le type fondamental en est fourni par les pays où ce moyen de vivre domine et où les conditions simples et premières de l'art du pêcheur n'ont pas été modifiées par les entreprises de grands exploitants.

La pêche côtière doit bien se distinguer de la *pêche fluviale*, qui présente de tout autres caractères sociaux et qui, pour cette raison, est jointe plus loin à la *chasse* et à la *cueillette*.

A la différence du pâturage, la pêche côtière sépare l'atelier du foyer. Celui-ci reste à terre, l'atelier est flottant : ici les faibles ; sur la barque, les valides, les ouvriers. La barque ne se charge pas des inutiles au travail de la pêche.

Cet atelier et ce foyer, matériellement séparés, demeurent cependant réunis sous l'autorité du chef de la famille, et c'est par là que l'organisation du travail chez les pêcheurs se rapproche encore de ce que nous l'avons vue chez les pasteurs.

Mais les nécessités de métier qui font que l'atelier a, pour ainsi dire, rejeté le foyer à l'écart, amènent, dans la constitution de l'atelier et du foyer, des exigences nouvelles. Chef de métier, le pêcheur, retenu la plupart du temps sur la barque, ne peut plus présider au foyer une famille patriarcale. Chef de famille, il ne peut multiplier le travail pour ses fils, en multipliant les barques ; il ne les groupe plus indéfiniment, sous ses ordres immédiats, dans un seul et même atelier.

Ainsi, tandis que le pâturage étendait la famille et développait l'autorité de son chef, la pêche côtière montre déjà que le Travail vient limiter et la famille et l'autorité de son chef. C'est un premier pas dans la voie où le Travail ira remuant les conditions de la société humaine. C'est la première manifestation claire de l'empire qu'il exercera sur l'organisation de la race.

Si, par une exception à ce que j'ai dit plus haut, il arrive assez facilement que l'atelier du pêcheur, sa barque, réunisse d'autres travailleurs que le père et les fils ; si des hommes d'une autre famille sont employés comme matelots, il n'en reste pas moins vrai qu'ils gardent encore une indépendance presque complète et une sorte d'égalité à l'égard du maître de barque. Les conditions du métier sont telles que les coopérateurs du maître sont beaucoup plus ses associés que ses employés ; qu'ils peuvent avoir foyer à part et libre engagement dans le travail, à aussi courte échéance qu'il leur plaît.

Ainsi, tout en apercevant dans ce travail particulier de Simple récolte les premiers traits de la grande organisation du Travail que nous verrons se développer à travers l'Extraction, la Fabrication, les Transports, nous trouvons dans le travail de la pêche côtière quelque chose d'assez analogue encore à la simplicité sociale de l'art pastoral.

La *chasse*, troisième travail de Simple récolte, présente des caractères bien différents. Loin de garder unis, comme le pâturage et la pêche côtière, le groupe du foyer et celui de l'atelier; loin de préparer les hommes à une organisation plus féconde quoique plus compliquée du Travail, elle supprime du même coup toute organisation de la famille et de l'atelier.

Lancés à la poursuite des animaux sauvages qui ne vivent point en troupes, les chasseurs se dispersent, et, dans cette exploitation du gibier, on peut dire qu'il y a autant d'ateliers que d'individus.

L'indépendance dans laquelle chacun doit ainsi se procurer ses moyens d'existence engendre (et cela particulièrement chez les plus jeunes et les plus vigoureux) l'idée de l'indépendance absolue au foyer. On n'admet pas plus de liens de famille qu'on n'admet de solidarité dans le travail. Aussi les chasseurs donnent-ils l'exemple non d'une société, mais d'un état antisocial.

Cet état est celui que présentent les chasseurs des forêts. Les forêts sont par excellence le domaine de la chasse, parce qu'on n'y peut pas vivre d'un autre travail.

Dans les savanes, vastes plaines herbues entremêlées de *massifs boisés*, où errent les grands herbivores non domestiqués, les chasseurs qui poursuivent ces animaux vivant en troupes, comme naguère les bisons et les buffles dans les plaines du Mississipi, ont dû se grouper en bandes pour les chasser utilement.

Cette nécessité les a contraints à donner à leur foyer une certaine organisation qui reproduit vaguement quelques-uns des traits de l'organisation patriarcale des pasteurs. Ces races de chasseurs, beaucoup moins sauvages que celles des grandes forêts du bassin de l'Amazone et de l'Afrique, sont aussi les mieux constituées.

Mais quand il s'agit ici de chasseurs, on n'entend parler que de ceux des grandes forêts, de ceux qui ne mettent pas leurs efforts en *commun* pour la chasse.

On remarquera qu'au tableau du Travail la *pêche fluviale* et la *cueillette* sont jointes à la chasse. Elles présentent en effet les mêmes résultats au point de vue de l'organisation du travail.

Elles sont particulièrement pratiquées par les chasseurs, auxquels elles offrent un complément de ressources nécessaire. Trop peu abondantes d'ordinaire pour suffire, à elles seules, à l'alimentation d'une race, elles ne créent pas, comme la pêche côtière et le pâturage, un type social distinct.

Cette classification des trois premiers modes de Simple récolte met en lumière un fait de la plus haute importance : c'est que la question du Travail est tellement influente sur la question sociale, que le Travail donne la forme à la famille même. Les familles s'organisent comme le Travail le permet ou l'exige. C'est pourquoi il est nécessaire, dans l'étude d'une société, de se rendre compte des conditions du Travail, pour apprécier les conditions de la famille.

Mais ce n'est pas précisément le point que nous avons à toucher ici; nous le rencontrerons plus loin en traitant *ex professo* de la Famille. Il nous suffit d'indiquer pourquoi les phénomènes du Travail doivent figurer dans une classification progressive avant les phénomènes relatifs à la Famille. Celle-ci ne peut être bien comprise que quand on a vu les exigences auxquelles la soumet le Travail.

Ce qui appartient immédiatement à l'étude que nous faisons en ce moment, c'est de déterminer non pas la forme de la famille, mais la forme de l'atelier nécessitée par le Travail.

S'il semble y avoir jusqu'ici confusion entre l'organisation de l'atelier et l'organisation de la famille, c'est qu'en effet il y a identité entre les deux, dans tout travail de Simple récolte.

Cette identité fait la simplicité caractéristique des sociétés vivant de ce genre de travail : les méthodes employées n'exigent pas que le chef d'atelier soit autre que le chef de famille.

En définitive, la seule disposition graduée des termes de notre tableau nous révèle jusqu'à présent deux faits intéressants :

1° La succession des mots en vedette *simple récolte*, *extraction*, *fabrication*, *transports*, nous montre la part de plus en plus considérable du travail humain dans la production, ou, dans une formule plus nette, *l'importance comparative du Travail humain et des forces spontanées du Lieu* dans la production d'un objet utile.

2° Sous chacun de ces genres principaux, les méthodes de Travail se classent d'après la simplicité ou la complication qu'elles amènent dans l'organisation de l'atelier, en un mot, suivant *la complication progressive de l'organisation de l'atelier*.

En d'autres termes, ce tableau enregistre dans l'ordre de leur progression naturelle et parallèle les deux ordres de faits qui apparaissent dès qu'il s'agit du Travail humain : d'un côté, l'effort matériel de la famille, le Travail lui-même intervenant de plus en plus sur un même Lieu dans la production des objets utiles ; d'un autre côté, l'organisation du personnel qui fait le travail, telle qu'elle est nécessitée par ce travail même.

Ainsi le tableau nous montre dans une suite naturelle la *simple récolte*, l'*extraction*, la *fabrication*, les *transports*, et, en face de chacune de ces méthodes de Travail, son effet social, l'organisation sociale qu'elle produit dans l'atelier.

IV.

Tous les travaux que nous allons maintenant classer pourraient être compris sous le nom générique de *production*, par opposition à *simple récolte*.

Il s'agit non plus de recueillir mais de produire. Nous avons vu que, dans les travaux de Simple récolte, l'organisation de l'atelier est confondue avec l'organisation de la famille : les deux ne font qu'un. C'est l'effet immédiat d'une méthode de travail où l'effort de l'homme se borne à récolter et n'intervient pas dans la production des objets utiles.

Nous allons voir maintenant, à mesure que l'homme participe davantage à la *production* des choses qui sont nécessaires à sa subsistance, le Travail échapper de plus en plus à la disposition de la famille ouvrière; c'est-à-dire que si le foyer reste aux mains de chaque chef de famille, l'atelier, la direction du travail va passer en d'autres mains que celle de la famille ouvrière : l'organisation de l'atelier va se compliquer.

C'est ce que montre d'abord l'Extraction.

Dans cette méthode de Travail, on ne voit plus la nature *produire* toute seule comme dans la Simple récolte. Ici l'homme applique son effort physique non plus seulement à *recueillir*, mais il le joint aux forces naturelles pour *tirer du sol* une production plus abondante ou nouvelle, ou bien encore pour *extraire du sol* des produits naturels en modifiant l'état primitif du Lieu, comme il arrive dans l'exploitation d'une mine. En un mot, l'homme collabore avec la nature pour produire ce qu'il doit consommer. C'est ce qui apparaît quand il cultive la terre, par exemple. Voici la part de la nature : elle donne la fécondité du sol, le climat, les vicissitudes des saisons, le régime des eaux, etc. Voici la part de l'homme : le cultivateur s'applique à diriger en partie les forces naturelles laissées à elles-mêmes dans la Simple récolte : il dirige les eaux, les amène ou les écarte; il abrite sa culture en choisissant les lieux naturellement protégés, en élevant des bois, des haies, qui la préservent contre les vents du nord; il détruit les végétations qui, laissées à elles-mêmes, étoufferaient les autres, il fait pénétrer la chaleur du soleil dans le sol par les labourages, il porte sur les terres les matières fécondantes, etc.

Il y a plus : dans l'Extraction, l'effort de l'homme tend à primer l'action des forces spontanées de la nature; il fait donner au sol des produits qui n'étaient pas, antérieurement ceux du Lieu; il sème du blé où il y avait de l'herbe; il amène le cheval, le bœuf, le mouton, où il n'y avait rien.

La différence entre les travaux d'Extraction et ceux de Simple récolte est donc sensible. Dans ces derniers, pour la production, l'effort humain est presque nul; dans l'Extraction il y intervient conjointement avec les forces naturelles.

Eh bien, cette différence toute technique n'est *rien* à côté de celle qui sépare ces deux méthodes de Travail au point de vue social, c'est-à-dire, dans le cas présent, au point de vue de l'organisation de l'atelier.

Je vais le montrer.

Les travaux d'Extraction qui réclament un effort de l'homme, non plus comme la Simple récolte, avant la consommation, mais avant la production, exigent de celui qui les exerce une qualité essentielle, indispensable : l'énergie morale, qui décide à prendre une peine souvent intense, bien avant le temps où l'on jouira des résultats.

C'est cette qualité que Le Play appelle la *prévoyance*. Gardons ce mot expressif.

La prévoyance, inutile à l'ouvrier dans la Simple récolte, où, sans que l'homme ait besoin de songer à l'avenir, la nature se fait spontanément son inépuisable pourvoyeur, est indispensable à celui qui fait des travaux d'Extraction.

Le cultivateur? c'est au mois d'octobre qu'il laboure et qu'il sème, pour récolter quand? — Au mois de juillet ou d'août, si la moisson vient à bien. — Le forestier? c'est aujourd'hui qu'il sème, qu'il plante, qu'il préserve les jeunes pousses des arbres, c'est dans 80, 100 ou 120 ans même, s'il est sage ou si l'essence est précieuse, qu'il récoltera la futaie; dans 15 ou 18 ans tout au moins qu'il recueillera le taillis. — Pour les mines, c'est aujourd'hui qu'on fait les sondages, qu'on dresse les plans, qu'on réunit les capitaux, c'est dans un délai éloigné, avec des difficultés dont arrive à triompher seule une immense puissance d'entreprise, qu'on recueille le premier fragment de roche, le premier bloc de charbon, qui devra encore courir les risques du commerce, de toute la série des opérations commerciales, avant de rapporter à l'entrepreneur et, par lui, à l'ouvrier, le résultat sensible de tant d'efforts.

Ainsi, le caractère tranché de l'Extraction comparativement

à la Simple récolte, c'est d'être un travail qui exige, à raison de la part que prend l'homme dans la production, non pas tant son énergie physique, son adresse physique, que sa perspicacité intellectuelle, son désintéressement, sa force morale, non pas tant son effort matériel que sa prévoyance.

Or, fait gros de conséquences, cette prévoyance indispensable à celui qui s'adonne aux travaux d'Extraction, cette force morale qui le fait se serrer le ventre aujourd'hui, en vue de la récolte à venir, est une aptitude rare, exceptionnelle dans la race humaine, quelque part qu'on la prenne.

Il suit de là deux conséquences sociales, deux conditions nouvelles introduites dans la constitution des sociétés qui font des travaux d'Extraction, conditions inconnues aux sociétés que nous avons vues précédemment, à celles qui n'usent que de la Simple récolte :

1° Le travail d'Extraction ne peut être utilement entrepris que par les hommes doués de l'aptitude rare de la prévoyance, les autres, laissés à eux-mêmes, en sont incapables.

2° Ces incapables ne seront appliqués, adaptés au travail d'Extraction que sous la *direction* des hommes prévoyants.

Ou bien, si vous voulez une autre expression, le Travail n'est plus *naturellement* à la portée que d'un petit nombre, et, c'est *artificiellement*, à l'aide d'une contrainte, quels qu'en soient les moyens et les causes, que la masse s'y adonnera. — Je le prouve.

Dans la Simple récolte, chacun va à un travail naturellement attrayant, en ce qu'il n'exige aucune prévoyance particulière. Consommer sur place, immédiatement, est une opération qui se fait d'elle-même, et tout un peuple s'adonne spontanément au pâturage, à la pêche côtière, à la chasse. Ce n'est pas parce que l'effort est moins considérable, la preuve c'est que les compagnons d'Odin, venus de la steppe en Scandinavie, passent facilement du pâturage à la pêche côtière; de même les essaims de pasteurs qui ont gagné les glaces du détroit de Behring et l'Amérique, à travers les forêts de la Sibérie, ont passé du pâturage à la chasse. Cependant, quelle différence entre la vie du pasteur des belles steppes asiatiques et celle du pêcheur des mers du Nord! Quelle différence d'un patriarche à un sauvage! La transformation est immense; mais cette transformation n'était pas sans attrait parce qu'elle n'exigeait aucune aptitude particulière de *prévoyance*.

Par contre, s'agit-il de faire passer pasteurs, pêcheurs, chasseurs, aux travaux d'Extraction : il faut que les hommes aux aptitudes éminentes prennent le dessus, l'empire, et que, la nécessité ou la contrainte aidant, il puissent forcer les gens qui n'ont pas la longue patience d'attendre le résultat de leurs travaux d'aujourd'hui, à un genre de travail qui demande l'effort avant la *production* même, bien longtemps avant la récolte.

Voulez-vous des exemples?

En Russie, les pasteurs ne se sont mis à l'agriculture et ne lui ont donné l'extension que nous lui voyons, qu'à la suite d'un ukase de Boris-Godunow, du commencement du dix-huitième siècle. Cet ukase attachait les Cosaques, ou leurs similaires, à la glèbe, comme on l'avait fait efficacement, avec une efficacité plus grande encore, au moyen âge, dans toute l'Europe! C'est ainsi, pour ne m'en tenir qu'à un exemple, que les pasteurs passent à l'agriculture, du moins quand il s'agit d'y passer en masse.

Les pêcheurs-côtiers eux-mêmes, malgré les aptitudes prééminentes puisées dans leur organisation en famille-souche, n'ont créé de pays à riches cultures qu'en goûtant du régime féodal, comme on le voit au Danemark, en Angleterre.

Enfin les chasseurs du Paraguay n'ont pu être réduits à la culture que par l'autorité exercée sur eux par les religieux d'élite qui avaient entrepris cette périlleuse besogne.

Ce qui précède prouve mon dire d'une façon précise : la masse ne s'adonne pas spontanément aux travaux d'Extraction; elle a besoin pour s'y plier de la direction des hommes prévoyants.

Ce fait amène une complication sociale toute nouvelle : *la constitution de deux ordres de familles dans une même race et dans un même métier.*

C'est donc dans l'Extraction que l'on voit pour la première fois le travail échapper à la disposition de la famille ouvrière, et, partant, apparaître le grand fait social du *patronage*, c'est-à-dire la subordination d'une famille à une autre dans l'atelier, les foyers de toutes deux restant indépendants; un père de famille, incapable de mener un atelier, venant se mettre sous la direction d'un homme capable de tenir à l'atelier d'autres familles encore que sa propre famille.

Voilà donc, d'un côté, un homme ayant femme et enfants à nourrir par son travail, et inapte à diriger ce travail, et incapable d'y réussir; d'autre part, des gens qui ont seuls l'aptitude à diriger ces travaux et qui ne sont attachés par aucun lien naturel avec les familles auxquelles le Travail est nécessaire, qui ne sont plus les pères de la famille ouvrière comme ils sont les chefs de l'industrie!

On comprend combien ces sociétés où le progrès du Travail amène cette antinomie offrent un problème délicat à résoudre, mais qu'il est indispensable de résoudre. Il faut que les deux classes, les prévoyants et les imprévoyants, la classe patronale et la classe ouvrière, arrivent à concorder de façon à vivre l'une et l'autre en paix, quoique diverses et quoique liées nécessairement l'une à l'autre.

Ainsi, avec les travaux d'Extraction commencent les sociétés compliquées, caractérisées par un fait tout nouveau : l'apparition du *patronage*.

Voilà donc expliquée, au point de vue technique et au point de vue social, la distinction fondamentale qui sépare la Simple récolte de l'Extraction.

Elle est fondée : 1° Sur ce que, dans l'Extraction, la part du travail humain à la production des objets utiles est plus notable que dans la Simple récolte, comparativement à l'action des forces naturelles ;

2° Sur ce que ce fait amène une complication plus grande dans l'organisation de l'atelier, qui tend à se distinguer de la famille.

C'est ici le lieu d'ajouter que cette différence se continue dans toute la suite du tableau du Travail, c'est-à-dire que les caractères qui distinguent l'Extraction de la Simple récolte ne disparaissent ni dans la Fabrication ni dans les Transports. Seulement d'autres différences s'ajoutent à celles-là, pour la Fabrication d'abord, pour les Transports ensuite.

On distingue trois classes de travaux d'Extraction : 1° la *culture*, 2° l'*art des forêts*, 3° l'*art des mines*.

Pourquoi la *culture* vient-elle en tête? — C'est qu'elle présente un caractère spécial qui la tient encore rapprochée de la Simple récolte, caractère que nous ne retrouverons plus dans aucun des genres de travaux qui viennent après.

La culture, tout en amenant dans la société qui la pratique la distinction des familles *ouvrières* et des familles *patronales*, peut encore y maintenir l'*unité du métier*. Cela veut dire qu'une société peut trouver toutes les ressources nécessaires dans le seul art de la culture. Les travaux à faire pour adapter des objets cultivés à différents usages ne sont que des travaux accessoires susceptibles d'être exercés par ceux-là mêmes qui cultivent. Nous connaissons tous des pays agricoles où les métiers de boulanger, de charpentier, de maçon, de tisserand, de tailleur sont pratiqués par les cultivateurs eux-mêmes. La culture peut être un métier tel qu'il n'y en ait pas d'autre, du moins principal, et partant qu'il y ait uniformité de métier pour toute la race.

Ainsi l'homogénéité du métier, qui, dans la Simple récolte, fait les grandes races où tout le monde est pasteur, pêcheur, chasseur, peut constituer aussi des races entièrement et presque exclusivement agricoles. Cette homogénéité de métier met tout un peuple au même travail.

Dans un pays où tout le monde pratique le même métier, éprouve les mêmes besoins, reçoit la même formation, comprend, désire les mêmes choses, il n'y a pas de conflits entre des intérêts différents : on n'est ni citadin ni rural, ni savetier ni financier, on est cultivateur. Rien ne divise les membres de la famille; l'accord est spontanément établi entre toutes les fractions de la population. Que parlé-je de fractions isolées? Il n'y a qu'une population, qu'un tout homogène et sans division, un monolithe qui ne s'entame pas.

Par conséquent nous avons encore avec la culture une grande simplicité dans l'organisation sociale.

Ce caractère d'homogénéité de la race résultant de la pratique universelle d'un même métier disparaît absolument après la culture. Nous verrons les autres métiers incapables de subsister s'ils ne se joignent à l'un des quatre travaux qui précèdent : culture, chasse, pêche fluviale ou cueillette, pêche côtière, pâturage.

La raison en est que ces autres métiers ne sauraient fournir les matières premières de l'*alimentation*, besoin premier de l'homme et le plus impérieux.

Mais tout homogène qu'elle puisse être et toute semblable qu'elle soit encore par là aux travaux de Simple récolte, la culture n'en est pas moins le premier des arts usuels qui réclament l'institution du *patronage* et établissent dans la race le dualisme d'une classe patronale et d'une classe ouvrière.

On y voit l'institution du patronage se produire sous des formes différentes qui donnent lieu à deux races distinctes d'agriculteurs.

La première est celle des agriculteurs en famille patriarcale; la seconde, celle des agriculteurs en simple ménage.

Chez les agriculteurs en famille patriarcale, l'atelier n'a qu'une forme, celle de la *communauté*. Elle est mentionnée au tableau sous le titre de *communauté ouvrière dite agricole*.

Chez les agriculteurs en simple ménage, l'organisation de l'atelier a trois formes indiquées au tableau sous les noms de *petite culture, culture fragmentaire, grande culture*.

Dans la *culture en communauté*, plusieurs ménages sont groupés sous l'autorité d'un chef qui joue le rôle de père et de patron.

Ici, le patronage qui suppose la distinction des fonctions du père et du patron, n'apparaît pas d'abord. Mais en y regardant de près, on voit que ces communautés, à mesure que la culture se développe, tendent de plus en plus à se composer de familles d'origines distinctes et étrangères les unes aux autres.

En tout cas, ce ne sont, à vrai dire, que des réunions de chefs de famille vivant au même foyer sous le gouvernement d'un chef d'atelier. Ils lui donnent sans doute le titre de patriarche, mais ils le créent, le conseillent, le contrôlent, le déposent et jouissent vis-à-vis de lui d'immunités nombreuses en vertu d'un pacte positif qui atteste chez lui beaucoup plus la condition d'un chef de métier que celle d'un père.

C'est le fait que présentent les fameuses communautés agricoles des provinces danubiennes, Bulgarie, Serbie, Bosnie, etc.

C'est précisément parce qu'elle emprunte encore les formes et quelques-uns des avantages de l'atelier en famille que cette organisation du patronage est placée la première entre celles que crée la culture.

Chez les agriculteurs en *simple ménage*, l'atelier a trois formes différentes, en vertu d'une autre organisation du patronage. Ici apparaît la différence des aptitudes chez des hommes constitués isolément chefs de ménage. Cette diversité d'aptitudes a trois degrés.

Les uns pratiquent assez la culture et sont assez doués de la prévoyance qu'elle requiert pour pouvoir suffire par elle aux besoins de leur famille, sans plus : ceux-là demeurent à la fois chefs de foyer et chefs d'atelier : c'est la *petite culture*.

Les autres ne la pratiquent que trop peu, pour être à même, par elle seule, de subvenir aux besoins de leur famille ; s'ils gardent la maîtrise de leur foyer, ils perdent, pour une part du moins, celle de leur atelier : c'est la *culture fragmentaire*.

D'autres enfin pratiquent la culture de telle façon qu'ils sont capables de subvenir aux besoins de familles plus ou moins nombreuses qui leur sont étrangères et dont ils emploient le service ; chefs de leur famille et chefs de leur atelier, ils ont en plus la direction de l'atelier d'autres familles : c'est la *grande culture*.

Dans notre classification du Travail, la *petite culture* doit être placée la première, parce que cette organisation de la culture en simple ménage jouit encore du bénéfice, signalé plus haut, de laisser l'atelier aux mains du chef de famille. Son caractère propre est d'*employer* à une même exploitation agricole tous les membres d'une famille et de les *faire vivre* au moyen de cette exploitation. Mais on sait combien les gens de cette classe sont rares dans les campagnes. Les paysans, propriétaires de leur bien, ne travaillant que sur leur bien même, jamais au dehors, sont une véritable aristocratie rurale ; on les compte facilement :

ce sont les gros bonnets de leur endroit. De même, les fermiers capables de tenir avec leur famille une ferme assez étendue pour se suffire et ne prendre aucun travail au dehors, sont rares à trouver. Beaucoup essaient d'y réussir qui échouent. Preuve palpable de la rareté déjà marquée des ménages capables de la prévoyance exigée par les travaux de production.

Après la petite culture, la *culture fragmentaire*.

C'est la culture qui se borne à un bout de champ, à l'exploitation de quelques animaux domestiques, qui ne satisfait ni aux besoins ni à l'activité de toute une famille et à laquelle il faut que le ménage ouvrier joigne d'autres travaux, soit, par exemple, des travaux agricoles à la journée, soit un métier de maçon, de potier, de charpentier, soit un établissement d'aubergiste, etc.

La culture fragmentaire se place après la petite culture, parce que là encore le Travail reste aux mains de la famille ouvrière, non plus pour le tout, mais pour *une part* de ce Travail seulement.

Ainsi, dans la petite culture, la direction de l'atelier reste à la famille ouvrière, mais à un petit nombre seulement; — ici, dans la culture fragmentaire, la direction de l'atelier reste à la famille ouvrière, à un assez grand nombre de familles ouvrières, mais elle ne reste à chacune que pour une petite part du Travail qu'elle fait. Pour l'autre part du Travail nécessaire à la subsistance de la famille, elle n'en a pas la disposition.

Disons tout en un mot : dans la petite culture on rencontre encore des ouvriers pleinement indépendants, mais ils sont rares; — dans la culture fragmentaire, il n'y a plus d'indépendance complète, mais un faible reste de moyens de se suffire à soi-même.

Vient alors la *grande culture*. C'est celle qui, dépassant les besoins et l'activité d'une famille en simple ménage, est pratiquée par des familles distinctes, sous la direction d'un *patron*.

La grande culture présente donc le type d'une famille capable, dirigeant dans le Travail une ou plusieurs familles incapables de ce travail par elles-mêmes. Elle est nécessairement liée à l'existence de la culture fragmentaire et même de la petite culture. Celle-ci, en effet, suppose la grande culture dès que le pays où elle est établie est entièrement cultivé, puisque la petite culture n'est le propre que d'une faible portion de la population et que, par sa nature même, elle ne subvient pas aux nécessités de la masse, qui reste en culture fragmentaire.

Quant à cette dernière, les gens qui ne sont aptes qu'à une culture fragmentaire doivent chercher un supplément de travail, pour ainsi dire, chez les gens *capables* de la grande culture.

Ces ouvriers possesseurs de culture fragmentaire sont les *bordiers,* si connus dans les campagnes purement agricoles. Bordiers qui ne cultivent par eux-mêmes qu'un petit champ et trouvent, le reste du temps, à titre de journaliers, du travail chez le grand propriétaire, le grand fermier, ou chez le grand cultivateur.

Jusqu'à ce que le pays où se pratique la culture fût devenu complètement agricole, cet ouvrier à culture fragmentaire trouvait, *sans travail,* par la Simple récolte, le supplément de ressources indispensable à la vie de sa famille.

Hâtons-nous de remarquer ici un fait des plus intéressants : c'est que le patron se trouve substitué aux productions spontanées. Là où celles-ci manquent, la fonction du patronage commence nécessairement.

Ainsi, le patron représente, dans l'ordre indispensable des sociétés compliquées, une fonction aussi fondamentale que l'abondance des productions spontanées, que la fécondité de la steppe ou de la mer dans les sociétés simples.

La loi est constante : dès que nous quittons la Simple récolte et que nous arrivons au premier travail d'Extraction, à la culture où l'effort de l'homme participe à la production, nous voyons l'état social, l'organisation de l'atelier se compliquer; nous parcourons l'espace qu'il franchit depuis l'état d'indépendance générale jusqu'à la constitution nécessaire du patronage.

Nous voyons d'abord le patronage à l'état embryonnaire, dans l'œuf, dans la communauté agricole. Nous voyons ensuite les étapes que fait parcourir à la famille ouvrière la culture : indépendance complète, mais pour un petit nombre dans la petite culture, puis indépendance partielle et pour une petite part du travail, pour un plus grand nombre, dans la culture fragmentaire, enfin, l'action du patron se substituant nécessairement à celle des productions spontanées et du sol libre quand cet élément fondamental des sociétés simples a disparu, quand le sol est complètement exploité.

Parmi les travaux d'Extraction, l'*art des forêts* prend place après la culture, parce qu'il amène une complication plus grande dans l'organisation de l'atelier.

Qu'est-ce à dire et d'où vient cette complication?

L'art des forêts semblerait n'être qu'un des modes de la culture, mais c'est une culture appliquée à un produit très spécial : le bois. Il consiste à disposer les conditions les plus favorables au développement de l'arbre par les plantations, les repiquages, l'émondage, l'élagage, etc.

Le bois est un produit d'une venue lente et qui ne devient utilisable que lorsqu'il a atteint un maximum de croissance.

Vous semez des glands ou des faînes aujourd'hui; mais ni vous, ni peut-être vos enfants, ne jouirez des bois qui en sortiront. Il faut attendre 100 ou 120 ans pour que la forêt puisse être exploitée, si elle forme futaie; 18 ou 25 ans, si elle est aménagée en taillis.

On ne récolte donc pas le bois comme le blé, tous les ans. D'autre part, le bois n'est pas un produit qui satisfasse au besoin premier le plus indispensable de l'homme : la nourriture.

Il y a autre chose : une exploitation forestière suppose un vaste territoire.

Il faut, en effet, chaque année faire une coupe suffisante pour répondre aux besoins de l'exploitation et des exploitants. Mais comme le bois mettra à repousser 20 ans, 80 ans, 120 ans peut-être, il faudra qu'avant de revenir couper au même endroit, on puisse faire ailleurs, de proche en proche, des coupes égales pendant 20, 80, ou 120 ans.

Ceci suppose donc dans une même forêt 20, 80 ou 120 fois l'étendue d'une coupe suffisante aux besoins annuels.

Dans une classification du Travail, la place de l'art des forêts est bien après la culture. C'est encore une culture, il est vrai, mais combien différents et plus compliqués en sont les caractères!

On vient de le voir, ce qui fait la complication de ce mode particulier de culture, c'est : 1° qu'elle ne fournit pas à l'alimentation, 2° que ses produits sont à longue périodicité, 3° qu'elle exige, en conséquence, une grande étendue d'exploitation.

Je déduis de ces trois caractères techniques les caractères sociaux qui placent après la culture proprement dite l'art des forêts.

De ce fait que les forêts, exploitées pour le bois, ne fournissent pas à la nourriture, il suit que la classe des *forestiers* demande nécessairement, pour vivre, son union à une autre classe de travailleurs, à moins que les forestiers ne pratiquent à la fois deux arts : le leur d'abord, puis un autre qui donne les moyens d'existence quotidienne, pâturage, pêche, cueillette, culture ; ou bien encore à moins que les forestiers ne soient en rapport, par le commerce, avec une autre société. La conséquence est manifeste, il n'y a plus unité de métier, l'organisation sociale se complique : il s'agit, pour deux sociétés ayant des intérêts différents, de vivre côte à côte.

De plus, j'ai dit que la longue périodicité des produits de l'art des forêts réclame une prévoyance à bien plus longue portée que celle qui suffit à la culture ordinaire, et la grande étendue d'exploitation qu'il impose, un patronage s'exerçant sur un bien plus vaste territoire.

Les gens capables d'une prévoyance qui ne va point au delà d'une année sont déjà rares, — l'exemple de la culture en est la preuve, — combien plus rares seront ceux capables de la longue prévoyance exigée par l'exploitation forestière !

Le grand fait du patronage signalé pour la première fois à propos de la culture s'accuse donc avec une force toute nouvelle.

Avec l'*art des mines*, apparaît un autre travail d'Extraction. Il se différencie absolument de la culture et de l'art des forêts.

Plus que celle-ci, plus que l'art des forêts, il modifie l'état du Lieu où il s'exerce : il met, si l'on peut ainsi dire, le Lieu sens dessus dessous.

Au même titre que l'art des forêts, l'art des mines suppose la coexistence de la culture, d'une race de cultivateurs ou de commerçants qui procurent les vivres aux mineurs.

Il présuppose aussi l'art des forêts. Comment creuserait-on et soutiendrait-on la mine sans les bois de soutènement, sans les instruments de travail? En outre, les mines ne vont pas sans la réduction du métal par la fusion; et le combustible, à certaines époques et dans certains lieux, a demandé et demande encore l'exploitation des forêts.

En ce qui concerne l'organisation de l'atelier, la mine accroît la nécessité du patronage. Elle exige du patron des conditions plus difficiles à rencontrer que les conditions requises par l'art des forêts. Et cela pour deux raisons :

1° Le produit de la mine est beaucoup plus *aléatoire* que le produit de la forêt : il exige donc une plus grande somme de prévoyance.

Les matières minérales sont réparties dans le sous-sol d'une manière très inégale. Aucune loi connue ne préside à leur distribution : à côté d'un riche filon on trouvera des champs souterrains absolument infertiles; une faille obligera tout à coup à d'immenses travaux de tâtonnements pour retrouver le filon.

Ainsi, cette exploitation n'est pas réglée visiblement par les lois de la nature, comme l'exploitation des forêts est réglée par les lois bien connues de la croissance des arbres.

Aussi, tandis que dans l'art des forêts la prévoyance consiste à suivre le mouvement très régulier de la nature, dans l'art des mines, la prévoyance doit aller jusqu'à se prémunir contre l'irrégularité des produits et l'incertitude des conditions naturelles au milieu desquelles on agit.

Il est clair que ce second degré de prévoyance est bien supérieur au premier, partant beaucoup plus rare.

2° L'exploitation des mines est plus *savante* que l'exploitation des forêts. Elle exige de grands travaux d'art qui réclament tout le savoir de l'ingénieur; elle suppose donc, indépendamment du degré supérieur de prévoyance que nous venons de dire, des cultures intellectuelles que ne demande pas l'art des forêts.

Avant de passer à la Fabrication, je dois faire remarquer qu'on voit inscrit en face de la grande culture, de l'art des forêts et de l'art des mines, les usines agricoles, les usines forestières et les fonderies.

Ce sont trois genres de travaux, qui, par leur nature technique, sembleraient devoir être rangés dans la Fabrication. Mais par leurs caractères sociaux ils sont étroitement liés à la grande culture, à l'art des forêts et à l'art des mines.

Ces méthodes de Travail sont en quelque sorte projetées en avant. Voici pourquoi.

Elles ne sont en réalité qu'un complément des travaux d'Extraction. Il y a certains produits extractifs qui doivent subir *sur place* des manipulations spéciales, parce qu'ils ne peuvent être ni conservés ni transportés dans leur état naturel, ou parce que, transportés à l'état brut, ils sont une matière encombrante. Tels sont d'une part les raisins, les olives et autres fruits à boissons; d'autre part, les betteraves, les grains destinés à la distillation, les bois non dégrossis, les minerais non réduits. Les déchets de ces divers produits sont d'ailleurs souvent plus utilisables et en tous cas moins embarrassants dans un lieu d'exploitation agricole, forestière ou minière que dans un centre manufacturier.

De là vient que les pressoirs, distilleries, sucreries, scieries, charbonneries et fonderies constituent des fabrications liées aux arts de la culture, des forêts et des mines. Ce genre de fabrication n'est, après tout, qu'une opération destinée à dégager du produit brut la matière première des arts manufacturiers proprement dits. Cette opération très simple ne demande que des méthodes très élémentaires, assez peu susceptibles de progrès et analogues en cela, aux méthodes des arts extractifs. Ces industries peuvent ainsi être dirigées à l'aide des aptitudes qui suffisent à la culture, aux forêts et aux mines.

Il y a même un intérêt très marqué à ce que ces fabrications premières soient dans les mêmes mains que les exploitations dont elles dépendent. Partout où l'on voit ces arts extractifs et ces fabrications annexes partagés entre deux chefs d'industrie, ils ne se règlent plus l'un sur l'autre, les intérêts ne concordent plus. On a des agriculteurs qui font tel produit en grande quantité sans s'inquiéter de savoir si le fabricant trouve des débouchés pour ce même produit élaboré, ou bien le fabricant pousse son industrie, au point de transformer la culture qu'il gâte. Les chefs d'industrie, dominés par les conditions naturelles, ne se laissent pas emporter au delà des limites imposées par une bonne exploitation des arts extractifs.

Le personnel de ces fabrications rudimentaires, peu nombreux relativement au personnel des exploitations agricoles, forestières et minières, et vivant dans les mêmes conditions locales, se trouve comme enveloppé et emporté dans le même système social.

Ces courtes observations expliquent la place qu'on a donnée, dans le tableau du Travail, aux *usines agricoles,* aux *usines forestières,* et aux *fonderies,* en dehors de la Fabrication.

V.

Avec les travaux de Fabrication proprement dite, on voit apparaître dans le Travail un caractère nouveau, gros de conséquences au point de vue social.

Ce caractère, c'est l'instabilité des méthodes, leurs perpétuels changements, leurs variations indéfinies et sans règles.

Or, tout le monde sait qu'une population dont on vient à changer tout à coup les moyens d'existence est livrée à toutes les aventures sociales.

Le monde est vieux, et ni les travaux de Simple récolte, ni ceux de la culture, des forêts et des mines, au moins des mines métalliques, n'ont subi de modifications promptes et radicales à quelque époque que ce soit.

Nous avons dit plus haut les causes de cette stabilité, qui sont précisément la très grosse part que garde la nature dans tous ces ordres de Travail. Chacun sait que la nature n'est pas changeante.

Mais l'invention de l'homme, qui fait tous les frais de la Fabrication, est singulièrement aventureuse. Personne ne peut dire la marche qu'elle suit. Un jour elle donnera du travail à toute une population champêtre désœuvrée : ce sera l'invention de la dentelle, ou simplement de la chaussonnerie; le lendemain, elle inventera un petit objet, mû par une force puissante, qui fera, dans un bâtiment urbain, aménagé avec toutes les ressources de l'art et de la mécanique, tout le travail de dentelle et de chaussonnerie qui était la veille répandu dans les campagnes. Et le surlendemain, ce grand atelier concentré est brisé par quelque invention plus ingénieuse, qui transporte le même travail çà et là, en mille coins épars du monde.

Tenir en équilibre une société contre ces brusques commotions, apprendre à la masse ouvrière à se retourner au milieu de ces événements dont nul ne peut prévoir la juste mesure ni la portée, c'est un problème nouveau, c'est le problème qu'amène l'art de la Fabrication.

Peuple fabricant, peuple à destinées incertaines, pleines de promesses et de déboires!

Ainsi ce nouvel ordre de travaux, parce que le génie créateur de l'homme y a la maîtresse part et parce que les forces naturelles ne le règlent plus, amène une complication croissante dans l'organisation des sociétés : l'imprévu, l'instabilité dans les méthodes de Travail.

Il est aisé de comprendre que ce caractère du travail de la Fabrication ira s'accentuant, à mesure que l'homme disposera de forces mécaniques plus grandes. Tant qu'on n'invente rien de mieux que la Fabrication *à la main*, les changements dans le métier sont restreints par la petite étendue de la force qui est mise en œuvre. Il est malaisé de faire faire par la main d'un seul homme, dépourvue d'instruments puissants, le travail de mille mains; mais quand on vient faire agir la force des chutes d'eau, des hauts fourneaux, des machines à vapeur, il est impossible de calculer ce qu'on arrivera à produire avec un seul mécanicien, chargé de guider ces forces immenses.

Aussi l'histoire humaine nous montre-t-elle que les sociétés ont subi des secousses d'autant plus grandes et plus répétées qu'elles ont connu des moyens de Fabrication plus puissants, des moteurs de forces plus intenses.

C'est pourquoi, au point de vue social, les fabrications se rangent, d'ordinaire, dans l'ordre d'accroissement des forces mises en jeu.

La moindre de ces forces est la *main* de l'homme aidée d'instruments simples, qui, tout en perfectionnant son action, ne sont jamais pour elle que de modestes auxiliaires.

Viennent après les *moteurs animés*, le cheval, le bœuf, l'âne, capables de mouvoir de grands engins et de donner des produits beaucoup plus considérables par le travail d'un seul ouvrier.

Ensuite le *vent*, l'*eau*, fournissent des moyens d'action mécanique plus vastes, plus économiques.

Enfin, le *bois* et la *houille* fournissent avec leur calorique un moteur qu'il est le plus facile de développer partout où il plaît à l'homme.

La prodigieuse mobilité des systèmes de Travail, qui est le propre de la Fabrication, amène tout naturellement une diversité indéterminée dans l'organisation de l'atelier.

Chaque mode nouveau de Fabrication peut engendrer une organisation nouvelle du personnel ouvrier. Il est impossible de prévoir dans quel ordre se succéderont ces organisations diverses.

On passera du travail en petit atelier domestique, au travail en grand atelier, et de l'usine on pourra revenir à l'échoppe. On voit donc figurer au tableau de la Fabrication tous les modes d'organisation de l'atelier. Quelles qu'en soient les nuances très variées, elles appartiennent toujours à six types nettement déterminés qui sont : 1° la communauté ouvrière industrielle ; 2° l'industrie domestique principale ; 3° l'industrie domestique accessoire ; 4° le petit atelier patronal ; 5° la fabrique collective ; 6° le grand atelier.

Les trois premiers présentent l'atelier uni au foyer et reproduisent les trois divisions que nous avons trouvées dans l'atelier agricole *non patronal*, savoir : la *communauté ouvrière industrielle* correspondant à la communauté agricole ; l'*industrie domestique principale* correspondant à la petite culture, c'est-à-dire fournissant à l'activité et aux besoins de tous les membres d'une famille ouvrière, puis l'*industrie domestique accessoire* correspondant à la culture fragmentaire, c'est-à-dire ne constituant qu'une partie des occupations et des ressources d'une famille ouvrière, obligée de trouver un complément de travail et de gain chez un patron. Tous ces ateliers restent entre les mains de la famille ouvrière.

Se présentent, à la suite, les trois formes non plus domestiques, mais patronales, de l'atelier : le *petit atelier patronal;* c'est le mode le plus spontané et le plus primitif de séparation du foyer et de l'atelier. Ici l'ouvrier, devenu *patron*, travaille encore de ses mains, mais il est de force à entreprendre plus de travail qu'il n'en peut faire seul et il en fournit à d'autres ouvriers.

Vient ensuite la *fabrique collective*, ensemble d'ateliers domestiques auxquels la matière première est fournie par un patron qui groupe la clientèle. C'est, si l'on veut, une collection d'ateliers domestiques et de petits atetiers patronaux dirigés, quant à une partie de travail, par un patron supérieur. C'est du patronage en partie double. Je donne, comme exemple, la fabrication de la soie dans la banlieue de Lyon par les *canuts*.

Enfin, la fabrique en *grand atelier*, où le patron, uniquement appliqué à la direction du Travail et complètement maître de toutes les opérations du Travail, n'y prend pas part de ses mains et les fait toutes exécuter à son compte, de sorte que les ouvriers qu'il emploie ne gardent aucune des qualités du patron.

Chacune de ces organisations différentes de l'atelier amène un état social bien défini et, s'il est impossible de dire quelle organisation d'atelier une nouvelle invention peut produire, il est très certain que telle organisation étant en vigueur, elle donnera tel ordre social déterminé.

Quant à cette succession des organisations d'atelier qui paraît si capricieuse dans la Fabrication, on peut cependant noter un fait général, visible à travers beaucoup de déviations, c'est que l'invention tend à mettre en jeu des forces toujours plus puissantes et que, dans l'ensemble du mouvement de l'industrie, le grand atelier tend à éliminer constamment le petit atelier et par conséquent le patronage à devenir de plus en plus élevé, étendu.

Si, à ce point des choses, on veut bien considérer que la destinée de la race est entre les mains de quelques hommes et peut être brisée à tout instant par quelque invention nouvelle, on appréciera à quel degré la responsabilité de ces hommes s'est substituée à l'immuable ordonnance de la nature. Si la puissance de l'homme en est singulièrement accrue, la fragilité des sociétés en est singulièrement augmentée.

VI.

Un autre ordre de Travail, les Transports, se distingue nettement par ses caractères techniques de la fabrication et se place après elle, au point de vue social, dans l'ordre de complication que nous suivons.

Les Transports appliquent la force motrice non plus à élaborer les objets, mais à les apporter du Lieu où ils sont produits ou travaillés. Cet emploi de la force motrice étend bien autrement que la Fabrication les ressources d'un pays, puisqu'elle lui procure les fruits du Travail opéré en mille lieux divers.

Ce Travail, en s'étendant, pourrait permettre à un seul point très restreint du globe de jouir de tout ce qui se récolte, se produit, se fabrique dans tous les pays du monde.

On conçoit que l'effet de ce Travail s'étende avec la puissance locomotrice qui est mise en action pour les Transports.

Il y aura donc, dans l'ordre de faits que nous venons d'indiquer, une différence singulièrement sensible entre un pays qui use pour les Transports de la seule force des épaules et des jambes de l'homme, du portefaix, et un pays qui use de la vapeur.

Donc, notre tableau du Travail doit établir, dans les Transports même, une progression, en vertu de la force croissante du moteur employé. De là, cinq divisions principales, assez justifiées par les indications seules : transports *par portefaix, par animaux de bât ou de trait, par glissage, par batellerie, par vapeur.*

Nous devons revenir d'ailleurs sur les diverses parties de ce tableau. Il suffit que nous en indiquions ici l'économie générale.

Deux causes, 1° la puissance différente des moyens de transport, 2° la mesure différente du rayon dans lequel s'exercent les Transports, peuvent donner à l'organisation de l'atelier, suivant le cas, toutes les formes que nous avons vues précédemment depuis la *communauté ouvrière* des artèles russes, des débardeurs de Marseille, jusqu'au *grand atelier* des compagnies transatlantiques et de chemins de fer.

Le tableau n'a donc ici rien à ajouter à ce qui a été dit à la Fabrication.

Mais il y a lieu, pour entrer, au besoin, dans des distinctions de fait fort importantes, de distinguer si les moyens de transport organisés dans une localité déterminée sont au service *particulier* de celui qui les organise, ne servant qu'au commerce de ses productions, de ses fabrications personnelles, ou si les moyens de transport sont destinés au service du *public*. On conçoit, dans ce dernier cas, que l'industrie des Transports est bien plus répandue dans toute la population qu'elle ne l'est au premier cas.

Le résultat des effets techniques des Transports est d'offrir au pays qui pratique cette industrie une facilité et une nécessité de changements bien autrement sensibles que dans la Fabrication.

Ce pays subit forcément le contre-coup des conditions de Travail des lieux variés et très étendus auxquels il se fournit. Et, dans les commotions qu'il éprouve ainsi, il est presque exclusivement passif; il n'a point d'action sur les événements qui décident ailleurs la marche de l'industrie. Comme un vulgaire voiturier à la charge d'un simple commerçant, il suit fatalement les destinées de son client.

La ressource des pays voués aux Transports est dans le génie commercial qui permet de prévoir ces mouvements, si délicats. si intenses, si multipliés, si vastes, de l'industrie.

Alors, l'évolution des moyens de Transports peut se prêter à la diversité des circonstances : les vaisseaux, les chariots et même les lignes ferrées d'une région peuvent, pour ainsi dire, se mouvoir à temps pour trouver de nouvelles voies commerciales en remplacement de celles qui ont été délaissées.

C'est là tout ce que l'homme peut faire, pour régulariser un état social que les opérations très multiples et très variables du Travail, en tant de lieux dont se sert le commerce, menacent constamment d'ébranler et de détruire.

Ici les rôles sont intervertis : dans les sociétés primitives nous avons vu l'homme rendu stable par les forces de la nature; nous voyons maintenant le génie de l'homme s'évertuer à parer aux secousses que les progrès du Travail impriment à l'état social.

Il faut bien remarquer que ce génie commercial demande une autre portée d'esprit, une autre prévoyance, d'autres renseignements, une autre perspicacité et court d'autres aventures que le génie inventif de la Fabrication.

Ainsi, conformément à ce que nous avons rencontré depuis le commencement, tandis que la succession des méthodes de Travail remet de plus en plus entre les mains de l'homme la sécurité sociale, elle les remet entre les mains d'un nombre toujours plus petit ; et, de cette façon, en même temps que la base de l'ordre social devient plus fragile, passant des forces physiques au bon vouloir de l'homme, elle devient plus étroite en passant du plus grand nombre à une élite.

VII.

Nos conclusions peuvent donc se formuler ainsi :

1° A mesure qu'elles progressent, les méthodes de Travail sont de moins en moins liées à la nature du Lieu ; 2° suivant une marche parallèle, à mesure que les méthodes de Travail dépendent moins du Lieu, les sociétés qui les exercent se compliquent ; 3° l'organisation de l'atelier, c'est-à-dire le régime de subordination de ceux qui travaillent, devient plus difficile.

C'est pourquoi nous avons constamment trouvé dans le tableau du Travail deux séries de faits parallèles.

Dans une première série, les méthodes de Travail, graduées suivant la part de plus en plus grande que prend l'effort de l'homme dans la production d'un objet utile comparativement aux influences de la nature.

Dans la seconde série, les organisations d'atelier dans l'ordre où va diminuant le nombre de ceux qui sont capables de les diriger.

Avec le progrès des méthodes, depuis la Simple récolte jusqu'aux Transports, ce nombre devient de plus en plus petit, et l'on voit par le seul classement des faits que le monde du Travail tend à être gouverné souverainement par quelques-uns, et que ce sont ces quelques-uns, ces ***patrons***, qui tiennent entre leurs mains les destinées de toute la race et résument toute l'action sociale.

De cet ensemble de faits se dégagent des lois plus étendues encore. On peut dire que les peuples, en grandissant dans la puissance du Travail manuel, deviennent de moins en moins naturellement stables, moins assurés du lendemain, plus sujets à de brusques et profonds changements ; qu'ils n'o[illegible] de ressources contre cette marche fatale des choses que dans l'empire que l'homme prend sur les événements, par sa perspicacité, son énergie, son sentiment du bien public, et que, par conséquent, à mesure que la prospérité augmente, les qualités morales et intellectuelles de l'homme deviennent plus nécessaires en même temps qu'elles sont plus difficiles. Au lieu d'être guidé par la nature, l'homme a à se soutenir contre elle.

C'est ce qui explique ce pathétique spectacle de l'histoire, où l'on voit les plus grandes races faillir plus facilement, et les peuples lancés dans la voie de la prospérité, obligés de recourir plus énergiquement que tous autres à la formation morale et intellectuelle de l'homme, obligés d'appeler à leur secours les plus hautes lumières religieuses, les plus grands labeurs de l'esprit. Et tandis que ces grandes chutes, ou ces glorieux efforts, émeuvent le monde, on voit les peuples simples garder un ordre permanent, subsister sans le secours de grandes vertus ni de grandes lumières, et demeurer à un point au-dessous duquel les races illustres viennent tomber.

Cette vue, qui ressort mathématiquement des observations minutieuses à travers lesquelles j'ai conduit le lecteur, atteste la puissance et la grandeur de la méthode scientifique appliquée à l'étude des faits sociaux. Elle explique, avec un détail rigoureux et dans une suite étroite, l'ensemble des faits les plus notables de l'histoire, et nous touchons du doigt une des grandes lois des révolutions des peuples, beaucoup moins capricieuses qu'on ne serait tenté de le croire, puisque ce que je viens de dire se vérifie invariablement.

Prosper Prieur.

www.ingramcontent.com/pod-product-compliance
Lightning Source LLC
LaVergne TN
LVHW010032230826
846091LV00005B/1668
9782016143933